U0336596

从零开始做内容

爆款内容的底层逻辑

吕白 著

机械工业出版社
CHINA MACHINE PRESS

内容是什么？如何做内容？你是否适合从事内容方面的工作？

微信公众号火完，头条火，头条火完，抖音、快手、小红书火……从文字时代到视频时代，传播内容的媒介和载体变得很快，但内容的本质从未改变。《从零开始做内容：爆款内容的底层逻辑》是作者在内容行业从业多年实战经验的总结，涵盖了内容运营的精髓与核心，从什么是内容讲起，提炼出爆款内容的底层逻辑、策略与方法，并拆解了大量经典案例及自身操盘的案例，以便读者更好地应用。

本书适合互联网创业者、新媒体从业人员及相关内容运营人员等阅读。

图书在版编目（CIP）数据

从零开始做内容：爆款内容的底层逻辑／吕白著.
—北京：机械工业出版社，2020.9（2024.10 重印）
ISBN 978－7－111－66460－4

Ⅰ.①从…　Ⅱ.①吕…　Ⅲ.①传播媒介-运营管理
Ⅳ.①G206.2

中国版本图书馆 CIP 数据核字（2020）第 165823 号

机械工业出版社（北京市百万庄大街 22 号　邮政编码 100037）
策划编辑：解文涛　　　　责任编辑：解文涛
责任校对：李　伟　　　　责任印制：孙　炜
北京联兴盛业印刷股份有限公司印刷

2024 年 10 月第 1 版第 27 次印刷
145mm×210mm · 9.5 印张 · 4 插页 · 166 千字
标准书号：ISBN 978－7－111－66460－4
定价：69.80 元

电话服务　　　　　　　　　网络服务
客服电话：010－88361066　　机 工 官 网：www.cmpbook.com
　　　　　010－88379833　　机 工 官 博：weibo.com/cmp1952
　　　　　010－68326294　　金 书 网：www.golden-book.com
封底无防伪标均为盗版　　机工教育服务网：www.cmpedu.com

自 序

90%的弯路其实不必走

前段时间有个关于"如何做内容"的分享会,有人问我做内容工作这么久,最后悔的一件事是什么。

我顿了顿,给了他在我心底徘徊很久的答案:"我浪费了我人生中最好的做内容的4年,从2014年开始,我做了差不多6年的内容工作,但我感觉前4年的时间都浪费了。"

因为我根本不懂什么叫内容,我就像是一个盲人一样摸着内容这头"巨象",做了很多错误的决定,也走了很多弯路,而这些弯路,90%其实不必走。

而当时没有一本书、一篇文章、一个人能帮我去避免这些弯路,所以我写了这本书,想试试看能不能帮一下曾经像我一样迷茫的内容从业者。

我把我从事内容工作这么多年的方法概括成了七大原则。

1. 提高未来时间的产出

我感觉我做得比较好的一点就是,我没有去追求表面的时间利用率，我提高的是未来时间的产出。

例如，如果工作效率不高，那么绝大部分人想到的是要提高单位时间内的产出，但我提高产出的方法是什么呢？我要提高"未来时间的产出"。

很多人都知道赚钱分三种：

（1）把一份时间卖出去一次，比如工资、单次咨询的报酬。

（2）把一份时间卖出去很多次，比如出书、做课程、写作。

（3）买卖其他人的时间，比如当老板。

我的策略就是：

我把我在生活、工作中攻克难关时沉淀的方法以单次付费咨询的方式卖出去，将付费咨询中沉淀的案例和解决方案变成线下课程，将线下课程中积累的案例再变成文章的素材，将文章变成书籍和线上的知识付费课程，个人品牌提升后再反哺其中的任意一个环节。

我的每一份时间都最少被卖了 5 次，我的 1 年相当于别人的 5 年。

假如普通人需要 1 万个小时才能成为专家，那我只需要 2000 个小时。

相信看完这本书你也能深刻地领会这个方法并且进行

应用。

2. 比同行快 10 倍

我有一个朋友是上市公司的 CFO，辅导过两家公司上市，智商极高，我在他面前第一次感受到了什么叫智商的碾压。但是，同样是写书，他写 1 本书要写 1 年，而我用的时间要短很多，我们俩共同的那个编辑说，我的书稿的质量还要好很多。

因为我写书的时候，是先让我的助理收集 1000 个相关问题，然后我们在一个房间里讨论并录音。他不断地问我，我不断地去回答，并把感觉有价值的地方进行扩充，然后将录音转成文字，再把文字进行归类总结，放在之前写好的框架里面。

很多人会问：为什么你用的时间短书稿质量反而更好呢？这是因为，提炼干货是一个极其痛苦的过程，一个人冥思苦想，大概率不如别人先问你问题然后再由你来作答效果好。

只要有人问问题，你就会感觉，他凭什么能问得倒我？然后一顿解答，你慷慨激昂，传道授业，对方也获得了自己想要的答案，我称这种写作方式叫互动式写作。

我之前在一次内容分享会上说过一句话，如果内容工作的满分是 1，那么绝大部分内容从业者都是 0.5 分及 0.5 分以下，0.5 分以下的内容工作者每跳槽一次涨薪也就是 10%～20%，如果经济环境不好，甚至还会降薪。

但只要你到了 0.6 分，那和 0.5 分的内容从业者差的不是文笔以及对各种写作方法的掌握，差的就是"想通了"，就是你自己想明白了，在某一个点上你可能比你的同行快 10 倍。

只有比同行快，你才称得上卓越，才能一览众山小。

3. 寻找不变的东西

2019 年年底，我去一家 C＋轮准独角兽公司当 CCO（首席内容官），这个公司要通过小红书拓展业务，在武汉分公司招了 20 个刚毕业没什么经验的大学生做小红书。当时我是第一次接触小红书，也没招到合适的人，抱着试试看的心态，我让他们去找了 500 个爆款并进行分析，然后去模仿爆款，第一周没起色，第二周开始就做出了爆款，后来每周都会产生 40 多万点赞和收藏。然后我用同样的方法做了今日头条，2 个人每周可产生 1000 万的阅读量。最后我得出了一个公式：

70% 和爆款类似 × 足够多的试验品 ＝100% 成功

微信公众号火完，头条火，头条火完，抖音、小红书火。

内容平台变得很快，但内容的本质从未改变，把精力放在不变的东西上，这可能也是这本书最大的意义。

4. 找到事情的底层逻辑

之前我录节目时，化妆师跟我聊，说你是作家，对于如何才能让孩子把作文写好，你有什么建议吗？我就问她，是想让孩子写好作文还是想让孩子考一个好的分数。她问，这个有什么不一样吗？我说当然不一样，写好，需要 3～5 年的积累，需要熟读大量的名著，还需要有一些天赋，而考一个好的分数就不一样了，要多背一下高分作文的范文。她听完恍然大悟。

其实90%的内容从业者都不知道自己遇到的真正问题是什么，以至于无法对症下药，更不用说解决问题了。

5. 硬组合

之前有个活动邀请我去分享，因为记错时间，导致我一点准备都没有，在后台候场的时候，朋友问我准备得怎么样，我说准备得特别好，让他放 100 个心，然后上台就说：人生就是IPO。

现场很多人有疑问，什么是IPO？我说 I 是 Import（输入），P 是 Perception（看法），O 是 Organism（有机体、生态），输入知识形成自己的看法，然后再去分享以此沉淀自己的生态，升级自己的底层操作系统。解释后又加了几个案例，现场掌声雷动。

其实是因为当天会场有个赞助企业，其宣传牌上写的是帮企业快速 IPO，然后我在现场临时查单词自己拼出了 IPO 的概念。

这个叫硬组合，就是把两个不相关的领域甚至同一领域相反的词硬生生组合在一起，然后你还能解释清楚。

好的创意之所以让你怦然心动，无非就是，你把两个不可能在一起的东西放在一块，然后你还解释通了。

6. 不要自嗨

很多朋友会跟我抱怨，真是不懂读者，这么好的文章不看，反而看一些特别垃圾的文章。最开始我也这么认为，但当我后来长时间日更和写作的时候，我发现读者的眼睛是雪亮的，你一篇文章写得好不好，哪里不好，从读者的留言中基本都能找到答案，而且读者的评价特别到位。

你要时刻记住，我们的感知可能 90% 以上都是错的。

所以做内容一定要找到自我表达和用户需求之间的交

集，只有这样才有可能做出属于你的爆款。

7. 爆款一直在重复

之前我的老东家腾讯在国庆节前夕推出了一款火爆朋友圈的 H5，就是给头像加一个国旗，其实无非就是复制之前的一个创意，即圣诞节期间给头像加一个圣诞帽。

还有很多网易云音乐中特别火的评论被翻拍成了抖音的爆款，很多微博中火的段子经过视频化的加工变成了爆款。

甚至很多微信文章都是当年天涯的热帖和前几年的爆文，爆款一直都在重复。

《圣经》说："太阳底下无新事。"你要记住：所有的创意，都是记忆的累积。

初入内容行业的时候，我花钱买了很多书，也上了一些课。我发现大部分都是大谈特谈思考和想法，不给方法，他们自己没有实操经验就开始写书误导别人，没写过10万＋的文章怎么能教别人写出10万＋的文章？

还有一些特别经典的外版书，内容很棒，但因为中西方思考和表述的不同，再加上可能是翻译的问题，读起来晦涩难懂。

基于以上原因，我写了这本书，希望能让内容从业者少走弯路。

　　最后，谢谢你这么优秀还愿意读我的书。如果学有所获，不用回报我，去将你的收获传递给下一个人。

终身内容从业者　吕白

2020 年 3 月 8 日

前　言

什么是内容

这本书的书名叫《从零开始做内容：爆款内容的底层逻辑》，看起来包含的内容很多。

我认为内容主要包含两类，即知识点和观点。

知识点：比如明朝的第一个皇帝是谁，太平天国是什么时候出现的，英语的 26 个字母分别是什么等。

观点：比如我们如何去看待一件事，一篇文章传递的价值，一条视频表达的态度等。

二者的区别是前者答案唯一且分对错，后者不唯一，但只有你的切入点足够深刻、特别，才能激起用户的关注、认同和转发。

谈起观点，我想起台湾著名作家刘墉讲过的一个画龙舟的故事。

有一次他在教一帮小朋友画画，因为快到端午节了，台湾那边的习俗就是吃粽子、赛龙舟，那天他就布置了一个作业，作业是画龙舟。

　　第二天，孩子们纷纷带来了自己的作品，他待在一个房间里，慢慢看着这些孩子的作品。他发现有人用水彩，有人用碳粉，有人用水墨，龙舟大大小小，上面的人形态各异，有的水平面高有的水平面低，有人画了船桨有人没画，无非就是这些细节上的差异，基本大同小异。

　　直到他看到了一幅画，眼睛一下就亮了。那幅画画了一只冲他而来的龙舟，这是一只正面的龙舟，窄窄的船身，又画了两个正在挥桨的人和后面弯弯的船尾巴。近处是龙舟和白浪，远处水天一线。

　　说实话，他感到非常惊讶，这幅画能放弃一般人从侧面看龙舟的方法，而大胆地从正面进行构图。无论他的技术、构图、色彩如何，只论这个角度他就是冠军了。因为他和其他的孩子完全不一样。

　　因为在艺术的表现上，技巧是最容易学的，色彩、构图等都可以进行练习，真正难的反而是观点。

　　刘墉说：观点就像画"龙舟竞渡"，你可以把自己想象成观众，画由岸上看到的场面；也可以想象自己在龙舟上，画船上的景象；你甚至可以让自己像是一只鸟，飞到天空，从上往下看，看到一条条船，像是长长的小鱼，在水面破浪前进，四周则是一个个圆圆的"观众的头"。

其他画龙舟的孩子是没看到龙舟的这些面吗？其实不是的，他们看到了，只是他们的思维，他们所接受的毫无创新的教育，把他们的想法掰正了，从而变成一个平庸的内容生产者。

这本书只解决一件事：教会你用标准化的生产模式生产非标品。

什么是非标品，独特的观点就是非标品，爆款就是非标品。

为什么要在开头先写几段底层逻辑？

坦白说，在写这本书之前，我想了很久这本书的结构应该是什么，我想过要不要按照常规的写法，先告诉你内容是什么，内容行业多有前景，然后再告诉你内容行业从业者需要做的工作有哪些，但后来我放弃了。

因为比起告诉你答案，我更愿意跟你分享我为什么得出这个答案。

我每次去听别人分享，相对于具体的方法，我更想知道他们是如何总结出这个方法的，他们的底层逻辑是什么，这个底层逻辑能不能产生新的方法。我从来不学表面的东西，因为迟早都会过时，我更愿意去关注本质，因为本质永远不过时，底层逻辑永远不会蒙尘。

　　所以我把底层逻辑的内容放在正文开头去讲，底层逻辑是无论你做什么形式的媒体、什么形式的内容，都可以贯彻使用的东西。

目　录

自序　90%的弯路其实不必走

前言　什么是内容

第1章
底层逻辑：爆款内容的6个底层逻辑

————————

第1节　为什么我的1年等于大部分人的5年　… 002

第2节　你要比同行快10倍　… 008

一、如何完成初稿　… 009

二、如何让书稿的质量显著提高　… 010

三、 提高画线率　… 011

四、 关于结尾有个例子　… 013

第3节　摆脱低效竞争，成为平平无奇的爆款收割机　… 015

第4节　其实知识可以迁移　… 019

第5节　硬组合：做创意的一大方法　… 022

一、很多爆款选题或者爆款课程，都用到了硬组合　… 023

二、金句和观点也可以使用硬组合　… 025

三、电影一样可以使用硬组合　… 026

四、新媒体也可以用硬组合　… 027

第 6 节　换角色：做创意的另一大方法　⋯ 031

第 2 章
微　博

第 1 节　3 个维度做好定位　⋯ 043

一、昵称　⋯ 043

二、简介　⋯ 044

三、内容垂直　⋯ 046

第 2 节　2 个绝招增加流量　⋯ 051

一、蹭流量　⋯ 051

二、押热搜　⋯ 059

第 3 节　引爆热搜的 3 个关键点　⋯ 062

一、选题　⋯ 064

二、内容　⋯ 066

三、引爆热搜的 2 个步骤　⋯ 069

第 3 章
微　信

第 1 节　8 个开头模板，让读者看后欲罢不能　⋯ 078

开头模板 1：问句式　⋯ 079

开头模板 2：对话式　⋯ 082

开头模板3：点名式 ··· 084

开头模板4：自我剖析式 ··· 086

开头模板5：回扣标题式 ··· 088

开头模板6：名句式 ··· 090

开头模板7：用户留言式 ··· 092

开头模板8：时事热点式 ··· 094

第2节 4个结构模板，好文其实不需要"多磨" ··· 096

结构模板1：1个观点+N个事例 ··· 097

结构模板2：总论点+分论点 ··· 099

结构模板3：1个观点+N个角度 ··· 101

结构模板4：1个观点+同一个人的多个事迹 ··· 103

第3节 4个结尾套路，读者想不转评赞都难 ··· 107

结尾套路1：概括式 ··· 108

结尾套路2：点名式 ··· 111

结尾套路3：名句式 ··· 113

结尾套路4：排比句式 ··· 114

第4节 4+3+2=引爆朋友圈的故事模板 ··· 118

4步搞定故事 ··· 119

3点完善故事 ··· 122

2招引爆故事 ··· 124

第5节 7个金句方法，为你的文章锦上添花 ··· 127

金句模板1：1221句式 ··· 129

金句模板2：1213句式 ··· 134

金句模板3：拆字法 ··· 137

金句模板 4：搜词法　⋯ 139

金句模板 5：具象法　⋯ 140

金句模板 6：否定法　⋯ 142

金句模板 7：押韵　⋯ 144

第 4 章
小红书

**第 1 节　定位要精准：我是谁，我能提供什么，我和别人
　　　　有什么不一样　⋯ 160**

一、为什么要定位　⋯ 160

二、如何定位　⋯ 161

三、号设化运营　⋯ 163

第 2 节　如何打造小红书爆款选题　⋯ 166

核心一：先找词，再模仿　⋯ 166

核心二：必火选题模式　⋯ 168

第 3 节　爆款笔记的创作　⋯ 172

一、封面图　⋯ 173

二、标题　⋯ 177

三、正文　⋯ 183

第 4 节　爆款笔记的种草　⋯ 188

一、选题　⋯ 189

二、占词　⋯ 192

第5章
短视频

第1节　误区：做短视频必须避免的四大误区　⋯ 198

误区1：自嗨　⋯ 198

误区2：不够专一　⋯ 200

误区3：没有特点　⋯ 201

误区4：没有梗　⋯ 202

第2节　定位：五大方法辅助账号定位　⋯ 204

一、年龄反差法　⋯ 204

二、性别反差法　⋯ 205

三、场景切换法　⋯ 206

四、典故定位法　⋯ 207

五、影视剧定位法　⋯ 208

第3节　选题：爆款的十大元素＋四大选题法　⋯ 209

一、选题的重要性　⋯ 209

二、十大元素让用户自愿传播　⋯ 210

三、热点日历选题法　⋯ 215

四、高赞视频选题法　⋯ 217

五、高赞图文选题法　⋯ 219

六、高赞评论选题法　⋯ 221

第4节　人设：打造人格化IP＝轻松吸粉　⋯ 224

一、构建人设的方法　⋯ 225

二、昵称　⋯ 228

三、头像 … 229

四、简介 … 230

五、视频封面 … 231

第5节　内容结构：黄金3秒开头+2~5个爆点+白金
　　　　结尾 … 233

一、黄金3秒 … 233

二、2~5个爆点 … 234

三、白金结尾 … 235

第6节　标题：8招取出千万播放量的好标题 … 241

一、标题的重要性 … 241

二、疑问法 … 244

三、数字法 … 244

四、热词法 … 245

五、俗语法 … 246

六、设问法 … 246

七、电影台词法 … 248

八、好奇法 … 249

九、对比法 … 250

第7节　互动：在留言区留下你的痕迹 … 252

一、如何运用留言区 … 252

二、给他人评论 … 254

三、给自己评论 … 255

第6章
爆款 H5

一、两个案例 ··· 258

二、爆款 H5 制作的三个核心要素 ··· 260

第7章
App

第1节　前期活动筹备思维：内部协同，用 STAR 法则进行
　　　　沟通 ··· 265

第2节　中期饭圈运营思维：学对手解决痛点 ··· 267

第3节　后期用户激活思维：把握人性，提供奖惩机制 ··· 270

第4节　开屏三板斧，让你的 App 人见人开 ··· 273

一、知名人物开屏：特征放大法 ··· 273

二、小人物开屏：特征关联法 ··· 274

三、品牌 App 开屏：锚定参考系 ··· 276

后记 ··· 280

第 1 章

底层逻辑：
爆款内容的 6 个底层逻辑

第 1 节
为什么我的 1 年等于大部分人的
5 年

前段时间发朋友圈庆祝自己第三本新书上线的时候，朋友私信我说，你太勤奋了，也太有效率了，上着班管着团队，效率还这么高。他让我分享一下如何提高自己的效率，让自己一天搞定很多事。

我说，其实我的效率挺低的，每天也干不了多少活儿。他不信，非说我不够坦诚。然后我就写了以下的文字，不仅给他，也给很多像他一样的人。

其实，我确确实实是单位时间效率不高，而且我也没有追求提升表面的时间利用率，没有追求单位时间的产出。

我感觉我做得比较好的一点是，我提高的是未来我所有时间的产出。我的一天等于别人的 5 天，我的 1 年等于别人的 5 年。

什么意思呢？就是让自己做的所有的事情都互有关联，让事件 A 成为事件 B 的基础，事件 B 又会为事件 C 提供背书，然后 A + B + C = D，D 又可以对 A、B、C 进行反哺。

我的底层逻辑就是：

如果一件事不能被卖 5 次，那么这件事我不做，我会想尽办法去规避它。

我的每一份时间都平均被卖了起码 5 次，我的 1 年，相当于别人的 5 年。

假如普通人需要 1 万个小时才能成为专家，那我只需要 2000 个小时。

2017 年的时候，朋友找我去做一个新媒体爆款写作营的线下培训。授课时间一天，按照正常语速一分钟 240 字，一小时 14400 字来算，一天 6 个小时需要 86400 字的文稿，去掉互动的时间，基本也得准备 6 万字的文稿 。

我刚了解到写作营的具体情况时，第一时间不是去写文稿，不是想我怎么才能一天写更多的字，而是想如何才能把这件事做得更有价值。

随后我找到了一个平台叫"在行"，在这个平台上，有人会花钱约高手来解决自己的问题。

于是我把我要开设的课程，设置成了一个话题，价格也不贵，499 元/小时，然后发到了朋友圈。结果，一下就爆单了，我在两天的时间密集见了 8 个人，收集了他们的共性问题，并给出了解决方案。他们的问题被解决了，我也梳理清楚了写作思路。

我知道有很多特别"有心机"的行家，和约见人见面之前还会让他们填写一个文档，上面写得很诚恳，具体内容就是让别人详细阐述自己的问题。这样既提升了用户满意度，自己也会收获一份详细的用户案例，方便以后写书、做课程的时候使用。

这是我把一份时间卖出去的第一次。

通过 1 对 1 的分享，我慢慢积累了不错的口碑，很快便有大客户邀请我做相关培训，根据现场分享的反馈，我会进一步对内容进行升级和优化。

这是我把一份时间卖出去的第二次。

现场听我分享的有 200 多位企业家，有很多企业家都被我分享的内容所折服，然后现场加了微信，积累了很多私域流量，这些私域流量为我以后的品牌提升和成交打下了坚实的基础。

这是我把一份时间卖出去的第三次。

之后我把这些精细打磨过的内容，经过系统化梳理扩充成线上付费课程，已有 30 多万人次收听。

付费为我带来了巨大的流量和良好的口碑，也奠定了我的行业地位。

这是我把一份时间卖出去的第四次。

有了个人品牌之后，我直接找到出版社，把我精细打磨的文稿按照书的逻辑结构进行了改写，整理成书。

这是我把一份时间卖出去的第五次。

然后我不断对内容进行完善，做训练营、做内训，这样就把这份时间卖出去了多次，我也因此赢得了口碑和更多的机会。

更让我惊喜的是，原来这套方法论是通用的，我把它延伸到小红书、短视频、微博中，都一样有效果。

我在任意环节卖出去的任意一次产品都会进入我的循环里面，就这样形成了一个完整且不断循环的闭环。

后来我发现我这个方法暗合改变亚马逊的一个概念：飞轮效应（Flywheel Effect），这个概念来自于管理专家吉姆·柯林斯（Jim Colins）所著的《从优秀到卓越》（Good to Great）一书，在诸多科技巨头的发展中都起到了至关重要的作用。

《从优秀到卓越》中写道：无论最终的结果有多么伟大，从优秀到卓越的转变从来都不是一蹴而就的，绝不是做对了某个奇迹事件最终就产生了指标，一定是不断推动一个沉重的巨轮，一圈圈旋转，最终终于产生突破，自己开始转起来。

我的飞轮如下：

启动轮：主业是写微信公众号文章，通过作品建立信用背书；

拉客轮：通过"在行"咨询平台，积累更多的用户群体和案例；

变现轮：授课、出版图书，带来流量和收入；

裂变轮：通过课程和图书打造个人 IP，积累粉丝；

衍生轮：将内容逻辑从微信公众号衍生到小红书、微博、抖音等。

对于飞轮效应的魔力，就像 2017 年股东大会后，巴菲特接受 CNBC 专访时说的，"他（指贝索斯）最厉害的地

方在于：他同时在做两个行业（指 IT 和零售），而且还是两个没什么关系的行业，并且同时取得了成功……在他动摇整个零售世界的同时，他还同时动摇了整个 IT 世界，我要向他脱帽致敬。"

不止企业可以拥有自己的飞轮，你也一样，随着时间的流动，你的飞轮也会转动起来。

第 2 节
你要比同行快 10 倍

写《人人都能学会的刷屏文案写作技巧》这本书的时候，我只用了两周，对，你没看错，就是两周，14 天。

你可能会说，随便攒一本书谁不会？但是你错了，这本书可不是随便攒的，完稿交给出版社后一稿通过，而且上市以后一个月以内加印 4 次，曾荣登当当和京东新书榜第 1 名，在新书期就卖断货了。有位做微信公众号的读者在看完这本书后，利用书中的方法去实践，其微信公众号粉丝一夜之间从 2000 多涨到 30 多万（目前一篇文章涨粉 1 万都是奇迹，更何况 30 万），并且打造出了"星座系列"爆文。

下面介绍一下我的写作方法，我将其称为"互动式写作"。

一、如何完成初稿

最开始写《人人都能学会的刷屏文案写作技巧》这本书的时候，是过年期间，我放弃了出去玩的机会，在家闭关开始写。结果一周过去了，我发现只写了不到 500 个字，感到无从下笔。

假期过去以后，我的工作变得特别忙，而距离合同约定的交稿日期也越来越近。

最后，我让两个助理，从知乎、写作课下面的高赞评论、社群和朋友圈里征集了近 4000 个关于写作的问题。

然后对这 4000 个问题进行筛选、合并，最后整理出来 1000 多个问题。

我把这 1000 多个问题进行分类，发现大家问的其实就是 6 个方面的问题：怎么做选题？怎么写开头？怎么写故事？怎么写金句？怎么取标题？怎么靠写作赚钱？

做完前面的工作，我们把自己关在一个屋子里，为了避免被打扰，谁都没有带手机。

他们开始不断问我问题，我来回答。我发现，他们每一次问我，我回答出来的答案，会比我原本想的答案要好很多，因为被提问的时候心里想着那么一件事，我可是这个领域的专家，他们凭什么能问得倒我。

我的大脑会以一个反击的状态，快速把自己掌握的各种知识打碎后进行融合，然后给出一个特别牛的方法论。

就这样我在无意识中非常轻松地完成了每个知识工作者最头疼的"知识萃取"的过程。因为对于每个知识工作者来说，最难的就是从过去自己的成功案例里提炼方法论和底层逻辑，因为提炼的过程就像是从肉里面剔出来骨头，极其痛苦。

别人提炼一个方法可能需要 3 天，你如果使用互动式写作法可能只需要 3 分钟。

我把他们感觉很好的方法进行扩充，把他们感觉听不懂的东西，再给他们讲一遍，如果能听懂且感觉不错就保留，如果还是听不懂就直接放弃。

这样一本书在还未出版的时候，通过互动式写作法，就完成了和读者之间的互动，真正做到了以用户为中心。

问答工作做完，我把录音转成文字，再去掉多余的语句，然后将其对应地放在之前做好的提纲里，这样初稿就完成了，共计 15 万字。

二、如何让书稿的质量显著提高

设定每一章的必要结构。

（1）引言：为什么你要学这个？这个方法的重要性。

（2）案例＋方法：一般每章都会讲 3 个案例，通过案例总结方法，通过方法佐证案例。

（3）理论支撑：有没有大师说过类似的话或者有没有经典书籍中写过类似的语句，如果有则可以放到该章节作为理论支撑。

（4）总结提炼：每一章的最后都需要提炼一下重点内容。

就这样我把这 15 万字按照每一章的结构去排列，花了一周对初稿进行整理，提升书稿的质量。

三、提高画线率

初稿写完以后，我要做的就是一件事，提高画线率。什么叫画线率，其实就是"啊哈"瞬间，就是那些让你"灵光乍现""顿悟""茅塞顿开""突然开窍"的某个瞬间。（"啊哈"是一个感叹词，当人们恍然大悟的时候可能会不由自主地感叹"啊哈，原来如此"。）

读者看完一本书，能记住的或者说能稍微有点印象的就是画线的部分，读者对于一本书的感觉是好还是不好，最直接的体现就是他画线的内容有多少。

为了提高画线率，我做了以下几件事：

（1）打开微信读书，看写作类书籍中什么类型的内容会被画线。

①方法总结。比如："我总结出一个打造 100 万 + 阅读量的文章的九字秘诀，即换角色、硬组合、小见大。"

②俗语。比如："人生没有白走的路，每一步都算数。"

③共鸣类内容。比如："北京中产阶层平均每月焦虑 3 次，每次都会间接打造一批 10 万 + 阅读量的文章。"

④反常识类内容。比如："作为大数据时代下依托互联网的写作者，一定要找到自我表达和用户需求之间的交集。"

（2）每一章至少保证有 10% 的内容能被画线。

为什么是 10%？因为经过我仔细推测，10% 是比较合适的比例，太多的话作者的付出和回报不成正比，太少的话则用户感受不到嗨点。（这个比例开头和结尾除外。）假如一篇 1000 字的文章，那么画线的部分应该是 100 字左右。

（3）重点打造开头和结尾。

写文章讲虎头猪肚凤尾，其实写书也是一样，开头和结尾尤其重要，本书开头的部分（前言）是我精细打磨的文案，结尾部分是"爆款文章的社会性"，以此来提高书的评分。

四、关于结尾有个例子

你知道宜家卖得最好的商品是什么吗？床？沙发？枕头？玩具？都不是！说出答案可能会吓你一跳，是位于出口处的售价 2 元的冰激凌。仅仅是中国的宜家，一年就能卖出 1000 多万个冰激凌。但宜家卖冰激凌的目的并不是为了赚钱，它是提升顾客体验的秘密武器。

我们在逛宜家的时候会对很多地方感到不满意：人流量大，经常会踩到别人的脚，需要自己搬东西，结账还要排长队……有时甚至在宜家门口都要堵上好长时间。

但是，宜家有个"小心机"，就是在顾客准备离开卖场的位置设置了一个零食和甜品区，这里的东西不贵，既好看又好吃，能让顾客感到非常开心和满足。这个零食和甜品区是宜家提升顾客体验的关键，如果没有这个区域，顾客的购物体验会差很多。

这背后有一个非常实用的理论作支撑——峰终定律。峰终定律是诺贝尔奖得主丹尼尔·卡尼曼教授提出的。他认为：人的大脑在经历过某个事件之后，能记住的只有"峰"（高潮）和"终"（结束）时的体验。套用到营销上来说，就是顾客能记住的只有最好的体验和最后的体验。

　　同样的道理，结尾也是，要么讲个故事，通过故事得出道理，要么提升一下理论的层次。

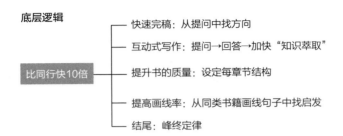

第 3 节
摆脱低效竞争，成为平平无奇的爆款收割机

电影《教父》中有这样一句经典台词："花半秒钟就看透事物本质的人，和花一辈子都看不清事物本质的人，注定拥有截然不同的命运。"

下面想跟大家聊一下，我的底层逻辑是怎么被一步步培养出来的。

其实 90% 的做内容的人都不知道自己遇到的真正的问题是什么，导致做了 10 件事只有 1 件甚至不到 1 件和结果相关，以至于无法对症下药，更不用说解决问题了。

2017 年，我在国内一家自媒体工作的时候，因为写不出爆款文章，差点被劝退，被劝退之前我解决问题的办法就是不断地去写，我相信 1 万小时理论，坚信熟能生巧。

直到看到一句话：围棋高手 80% 的时间不是在下棋，

而是在研究棋谱。这时我才发现一件事，原来要写出爆款，就是要模仿爆款，而不是所谓的 1 万小时理论，也不是所谓的文笔。顿悟后我踏踏实实地去研究了 1000 篇爆款文章，去耐心拆解。

后来我在微博、微信、知乎、H5、小红书甚至是抖音上做了很多爆款内容，用的都是这个逻辑。

于是我开始思考我这个底层思维的由来，我坚信"围棋高手 80% 的时间不是在下棋，而是在研究棋谱"不是我转变的根本，只是其中的导火索。

后来我发现，我这个思维其实存在已久，最开始来源于高考的时候。

我是一个艺术生，空乘专业，艺考分数过了我们大学的录取分数线而且排名还比较靠前，本来文化课只要 350 分以上就可以，但当时我的情况是半年没在学校学习，在距高考仅剩 100 天的第一次模拟考试中，我的总分只有 100 多分（满分 750 分）。

当时我就急了，按照常理我不可能在不到 100 天的时间内把成绩提升到录取分数线以上。我拿着数学书看的时候，忽然发现：数学教材一共有 3 本，差不多 2000 页，但真正要考的知识点好像只有 100 页，换句话说，其实重点学习这 100 页的知识点不就可以了？

这 100 页在哪里呢？其实就在考试大纲里，而考试大纲就在往年的试卷里。

关于英语，我也总结了一些规律，比如阅读理解题：

（1）选项中照抄原文或和原文差不多的选项一般不是答案，同义词替换的一般是正确答案。

（2）选项中表达意义较具体，也就是句子较长的一般不是答案，而概括性、抽象的一般是答案。

（3）选项中包含绝对语气词的比如必须（must）、从不（never）、仅仅（merely）等的一般不是答案，而包含不十分肯定语气词的一般是正确答案，比如可以（could）、可能（might、possible）等。

最后我如愿以偿考了高分，在不到 100 天的时间里，我的文化课分数提升了近 400 分，最后以艺术系男生综合分第一名的成绩被录取。

后来我读大学时以"底层逻辑"为标题写了一篇英语四级考试攻略，全网累计几亿阅读量。

正是由于有之前的这些积累，所以后来看到"围棋高手 80% 的时间不是在下棋，而是在研究棋谱"这句话时我才恍然大悟，开始研究爆款。

后来在遇到问题或者难题的时候，我都会基于目的来拆解，比如我要写出爆款文章，那我就研究爆款文章；如果我要考高分，那我就研究试卷。

想尽办法做到和绝大部分人不一样，绝大部分人怎么做，你一定要避免，做任何事都要问一下，这件事有没有捷径。

因为一旦你的做法和大部分人一样，那你就陷入了一个非常低效且痛苦的竞争中。比如从 A 地到 B 地，距离有几十公里，你是愿意和其他人同起点走过去，还是愿意开车 10 分钟到达终点？你有了和大部分人不一样的想法，你才有可能找到车，不然你只会找一双能让你走起来很快的鞋。

我开始把这个底层思维普适化，底层思维的点在于，可以让你写出爆款文章，做出爆款短视频，让你成为一个平平无奇的爆款收割机。

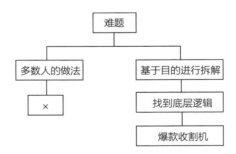

《从零开始做内容》金句精选

吕白——把爆款内容讲得明明白白

1. 为什么我的 1 年等于大部分人的 5 年? 我把我在生活、工作中攻克难关时沉淀的方法以单次付费咨询的方式卖出去，将付费咨询中沉淀的案例和解决方案变成线下课程，将线下课程中积累的案例再变成文章的素材，将文章变成书籍和线上的知识付费课程，个人品牌提升后再反哺其中的任意一个环节。

2. 70% 和爆款类似 × 足够多的试验品 =100% 成功。

3. 我认为内容主要包含两类，即知识点和观点。

4. 《圣经》说："太阳底下无新事。"你要记住：所有的创意，都是记忆的累积。

5. 你要比同行快 10 倍。我在写作《人人都能学会的刷屏文案写作技巧》这本书的时候，把助理收集来的 1000 多个问题进行分类，发现大家问的其实就是 6 个方面的问题：怎么做选题？怎么写开头？怎么写故事？怎么写金句？怎么取标题？怎么靠写作赚钱？

6. 峰终定律是诺贝尔奖得主丹尼尔·卡尼曼教授提出的。他认为：人的大脑在经历过某个事件之后，能记住的只有"峰"（高潮）和"终"（结束）时的体验。套用到营销上来说，就是顾客能记住的只有最好的体验和最后的体验。

7. 我们看过太多类似的影片，把两个完全不可能在一起的人，通过各种事件、故事、情绪的推动，最后使他们能在一起，这些就是创意。中间的事件、故事、情绪等就是桥梁。

8. 生活中的任何不相干的甚至是相反的事情，都可以被联系起来，如果解释得通，那就叫创意。

9. 社交媒体往往是一个很好的发现共鸣点的地方，高赞的内容往往就是大家的共鸣点。

10. 要跑赢同行，就要学会另辟蹊径，换一条路径"蹭流量"，才会更容易做出爆款。比如，针对一个事件，做一个讽刺类型的内容就是这里的"另辟蹊径"。一来讽刺类的内容顾左右而言他，不触及敏感内容，但用户都知道你在讽刺某事件；二来这样骂得高级，用户"爽感"高，更容易传播，成为爆款。

11. 创作出有趣、能引发自发讨论的热搜，只需要掌握三个点：搞笑、走心、升华。

12. 8个开头写作模板：问句式、对话式、点名式、自我剖析式、回扣标题式、名句式、用户留言式、时事热点式。

13. 4种用得最多的文章框架模板，分别是"1个观点＋N个事例""总论点＋分论点""1个观点＋N个角度"和"1个观点＋同一个人的多个事迹"。

14. "4＋3＋2"故事模板——4步搞定故事、3点完善故事、2招引爆故事

15. 人类的大脑更喜欢视觉化的信息，而不是抽象的信息，这就需要第二招的场景演绎来解决。"场景演绎法"就是指当你在写某个场景的时候，要将自己代入那个场景里。比如你需要考虑：场景里人的性别是什么？他的性格是什么样的？他的性格会使他有什么反应？他的职业是什么？他的周围环境是什么样的？

16. 7个金句模板分别是"1221句式""1213句式""拆字法""搜词法""具象法""否定法""押韵法"。

17. 我为《后来的我们》写宣传语的时候用的就是"核心词相反关系"的1213句式：

a. 后来的我们，为了谁四处迁徙，为了谁回到故里？

b. 后来的我们，有多少衣锦还乡，有多少放弃梦想？

c. 后来的我们，有多少跑赢了时光，有多少弄丢了对方？

18. 同时，写品牌文案时一定要注重品效结合。这个句子就加上了电影的名字"后来的我们"。如果一个金句火了，却没人知道它是从哪来的，那么爆款对于品牌的作用也就没那么大了。

19. 无论是做产品、做服务，还是做个人品牌影响力，都可以通过在小红书上分享内容，通过写笔记来达到曝光和引流的目的。

20. 如果一篇笔记能够让大量的用户看到，能给账号涨粉，还能种草产品，基本上就完成了小红书笔记的使命。

21. 定位就是"如何让你在潜在用户的心智中与众不同。"所谓定位，即让你的产品和企业，或者让你个人与众不同，在市场上形成核心竞争力，对于受众来说，好的定位是鲜明地树立品牌和 IP 的开始。

22. 定位的核心是回答三个问题：（1）我是谁？（2）我能提供什么？（3）我和别人有什么不一样？

23. 我们的感觉90%都是错的，要敬畏数据，敬畏用户。

24. 模仿不是抄袭，是在爆款的基础上写出更好的文章。找一个或者多个类似的账号，观察其发布的爆款，在其爆款的基础上，提炼出爆款内容的框架，然后进行二次加工。

25. 什么叫号设化？就是把账号的昵称、头像、简介，根据发布的垂类内容做出相应的修改。能让用户关注你，一定是因为你能持续提供某类内容。

26. 高赞评论是一把利器，它告诉你已经火的爆款还有哪些内容没有满足受众，有哪些内容是受众关心的。

27. 小红书核心的点是种草，什么类型的内容更容易被选中？答案是聚合类干货。聚合类干货的特点是，知识点密度极高。

28. 我经常和团队成员说，做好一件事可能5个细节就够了，但是如果你要做爆款，你要做好50个、100个细节。这是持续产出爆款内容的关键心法。

29. 作为大数据时代下依托互联网的创作者，一定要找到自我表达和用户需求之间的交集。

30. 很多人会问那么才能找到用户的需求点呢，其实就是多去看爆款，从其中找到自己认同的作品，然后加上自己的观点，对爆款进行创新，做出符合自我表达和用户需求交集的内容。

31. 要吸引他人注意最基本的方法就是：打破常规。人类大脑适应规律性事物的速度很快，持续不变的感官刺激往往让我们视而不见且听而不闻。但当我们遇到与自身认知冲突甚至完全相反的事情时，大脑会异常活跃。

32. 要相信爆款是重复的，拿一些已经被验证过的爆款影视剧，来制作短视频，成功的概率很大。

33. 爆款内容的十大元素，包括 3 种情感：爱情、亲情、友情；5 种情绪：愤怒、怀旧、愧疚、暖心、爱国；2 个因素：地域和群体。

34. 爆款内容的四大选题法：分别是热点日历选题法、高赞视频选题法、高赞图文选题法、高赞评论选题法。

35. 爆款内容的结构公式：黄金 3 秒开头 + 2~5 个爆点 + 白金结尾。

36. 在抖音，一个视频能否成为爆款主要看的是互动率值的大小；互动率 = [（点赞 + 评论 + 转发）/观看人数] × 完播率（看完人数/观看人数）。值越大，越容易进入下一个流量池，视频也会越来越火。

37. 如果真的想在短视频的世界里有一席之地，就必须要做到内容专一。

38. 再好的产品也无法满足所有人，我们只需要满足对于我们来说最重要的人即可。

39. 我之后在反思中写道，在做产品的时候，能不能吸引流量，取决于你能不能触达精准用户，你的粉丝营销活动够不够新颖，你的渠道够不够广。而流量能不能留下来，往往取决于他能够收获什么。

40. 爆款 H5 制作的三个核心要素：（1）社会情绪（是否顺应社会大众的心理体验和心理感受）。（2）爆款重复（请相信爆款是重复的且身体力行地去做）。（3）用户参与（一定要满足用户塑造形象或者炫耀的需求）。

41. 对于品牌 App 开屏来说，只要找到一个同一品类广为人知的品牌，将其作为一个参照物，突出自身品牌的特征即可，这个参照物往往就能够让用户不知不觉进入你的"套路"，了解你的产品。

42. 其实 90% 的做内容的人都不知道自己遇到的真正的问题是什么，导致做了 10 件事只有 1 件甚至不到 1 件和结果相关，以至于无法对症下药，更不用说解决问题了。

43. 围棋高手 80% 的时间不是在下棋，而是在研究棋谱。看到这句话我才发现一件事，原来要写出爆款，就是要模仿爆款，而不是所谓的 1 万小时理论，也不是所谓的文笔。顿悟后我踏踏实实地去研究了 1000 篇爆款文章，去耐心拆解。

44. 摆脱低效竞争，你才能成为平平无奇的爆款收割机。

45. 高赞内容是通往爆款的高速公路，信高赞内容者得天下。

第4节
其实知识可以迁移

2019年年底，我到一个C+准独角兽公司当CCO（首席内容官），刚到公司老板就跟我说要大力发展小红书，但是我之前从未接触过小红书。

当时武汉分公司招聘了20多个刚毕业的大学生来开展小红书业务，他们都是第一次接触小红书，急需要人来带。公司一时间也招聘不到有经验的人，我是公司的CCO，只能硬着头皮上了。因为我刚入职团队未稳，不能出差，所以就让我的一个下属去武汉出差，贯彻我的思路。

抱着试试看的心态，我按照写微信公众号文章的思路让团队采取了以下举措：

（1）搜集爆款内容：通过搜索相关词找到500个爆款。

（2）分组找共性：4人一组，有的组找选题上的共性，有的组找标题上的共性，有的组找头图上的共性，有的组找开头上的共性。

（3）分享迭代：3 天后团队第一次向我汇报，基本上没什么成果；然后改成每天都汇报，每天都总结；一周以后，各个组选一个代表进行全员分享。

（4）以量拼概率：要求每个人每天要写 5 篇文章，前期不追求质量，而是拼量，即使一开始写得不好也没关系。第一周没效果，第二周就开始有爆款了。有了爆款以后，大家都会按照总结的规则来优化。

（5）不做一蹴而就的爆款：不追求一步成爆款，发布以后和该类选题的爆款做对比，看缺少什么，哪里可以优化，之后慢慢改成爆款。

经过一段时间的运营后，一帮从未做过小红书的大学毕业生基本上都做出了爆款小红书选题，一天不看手机就有超过 9999 条未读消息。

只用了一个月，没有投入多少运营经费，他们做出了远高于行业平均水平的成绩。

我用同样的方法做了今日头条，两个人每周做出了1000 万的阅读量，最后我得出了一个公式：

　　70% 和爆款相似 × 足够多的试验品 =100% 成功

我发现，其实知识是可以迁移的，不同的内容平台只是算法、推荐机制等看起来不一样，但其实爆款的底层逻辑是一致的。

内容平台变得很快，但内容的本质从未改变，让你学会把精力放在不变的东西上，这可能也是这本书最大的意义。

| 100%成功 | = | 70%和爆款相似 | × | 足够多的试验品 |

第 5 节
硬组合：做创意的一大方法

之前有个活动邀请我去分享，由于记错时间，当天我是被主办方的电话叫醒的，匆忙赶到现场后，朋友电话问我准备得怎么样了，我一边换衣服，一边跟他说准备得特别好，让他放 100 个心。

我上台以后直接说："人生就是 IPO。"

现场很多人有疑问，嗯？人生就是 IPO？没听过！然后我娓娓道来，I 是 Import（输入），P 是 Perception（看法），O 是 Organism（有机体、生态），输入知识形成自己的看法，然后再去分享以此沉淀自己的生态，升级自己的底层操作系统。解释后又加了几个案例，现场掌声雷动。

其实是因为当天会场有个赞助企业，其宣传牌上写的是帮企业快速 IPO，然后我在现场临时查单词自己拼出了 IPO 的概念。

这个叫硬组合，就是把两个不相关的领域甚至同一领域相反的词硬生生组合在一块，然后你还能解释清楚。

一、很多爆款选题或者爆款课程，都用到了硬组合

之前有篇特别火的文章，文章名叫《湖畔大学梁宁：比能力重要 1000 倍的，是你的底层操作系统》。

你和雷军最大的区别在哪儿？

是能力吗？不，是底层操作系统不一样。

"如果把人想象成一部手机，人的情绪是底层的操作系统，他的能力只是上面一个个的 App。"湖畔大学的梁宁说。

梁宁被誉为"神一样的产品经理"。雷军说她是"中关村的才女，思想深刻，洞察力强"。美团的王兴、欢聚时代的李学凌、美图秀秀的蔡文胜、豆瓣的杨勃等诸多圈中大佬都对梁宁赞誉有加。

如果把人比作手机，你的某些 App 是比雷军还要厉害的。

大家一下就被这篇文章的开头部分吸引住了：先举出

一位特别有话题的大佬作为背书，然后提出了一个似是而非的概念：操作系统，还把人比喻成一部手机。

很多读者看到这里就产生了兴趣：

"没听过……"

"什么？居然可以是操作系统？"

"我的某些 App 居然比雷军还厉害?"

……

接下来作者对"操作系统"的概念进行了解释，大家才恍然大悟，原来是这样。但其实去掉这个"操作系统"的包装，讲的还是以前的那些旧内容——个人成长、努力多元化之类的东西。

其实千百年来大家的需求从来都没变过，还是一样喜欢看努力逆袭的故事，只是大家看多了这种故事会厌倦，我们就需要给它们穿一个好看的外套，让它们变成看起来不是那么熟悉的故事。

就像《圣经·传道书》说的那样：已有的事，后必再有；已行的事，后必再行。日光之下，并无新事。

其实很多文章和课程也是一样，先提出一个大家不知道的概念，然后用大家能理解的方式解释一遍，让受众有恍然大悟的感觉。

这就是硬组合中的跨界组合。

它是指把两个完全不相关的事物结合在一起，用一个领域的知识去解释另一个领域的事物。比如梁宁提出的"底层操作系统"，把来自产品领域的概念用到人生奋斗的领域，以及上文我提出的"人生就是IPO"，把企业上市的概念用到人的努力和奋斗上，大家就会觉得很新颖、很独特。

二、金句和观点也可以使用硬组合

后来为了训练这种能力，我经常让团队的小伙伴玩造句游戏，就是拿各种不同的词进行组合，看能否解释得通，比如自私是一种梦想、爱情就是一种放弃等。

我发现很多句子其实是能解释清楚的，我的很多金句都是这么做出来的。

我特别喜欢的奇葩说辩手黄执中老师曾说：爱情就是一种放弃。这是什么意思呢？

康德说过一句很有趣的话：什么是自由，自由不是想做什么就做什么，自由是想不做什么就可以不做什么。爱情也一样，爱情不是我努力对你好，而是在于我努力不对其他人好。所以爱情的关键不在于我对你有多好，而在于我愿意不对其他人好。

在爱情中，我在对你表白时，其实我是对一万个人说了"不"。所以爱情的本质不是得到，而是放弃。

三、电影一样可以使用硬组合

好莱坞每年都上映近百部爱情电影，所有爱情电影的桥段都差不多，基本上都是男女主角一开始相互不是很吸引，因为了解而在一起，在一起之后遇到了挫折，于是分开，最后又在一起，一定是这样。

这种结构不能变，创意的不同，是找到哪两种人最不能在一起。我们见过很多类似的创意：男的很富有，女的很普通，这是一种典型的创意，已经被用过很多次了。反过来也可以，男的很普通，女的很富有；一个社会地位高，一个社会地位低；一个是病人，一个是医生；一个最讨厌小气鬼，一个是小气鬼；一个是冒险进取外向的人，一个是宅男或者宅女。你可以找两个完全不可能组合在一起的人放在一起，然后设计情节，让他们理所当然地在一起，这就是创意的方式。可是，情节的基础是先找两个最不适合在一起的人。

比如在之前热播的一部电影《失恋 33 天》中，剧情是这样的：高端婚礼策划师黄小仙（白百何饰）做梦也想不到，相恋七年的男友居然和自己的闺蜜走到了一起，这让一向刻薄强势的她无论如何也不能忍受。可是地球并不会因为某人的失恋而停止运转，黄小仙在情场失意的同时，还不得不面对工作上的压力。但是，在没有了爱情的这段时间里，黄小仙发现了很多以前自己根本不会去注意的东西，比如那个总是与自己针锋相对的娘娘腔同事王小贱（文章饰）并没有那么讨厌，钻石王老五与河南籍港台腔女子的结合到底是什么原理，以及如何走到金婚的秘诀。在明白了种种道理之后，也就是在黄小仙失恋的第 33 天，在那个灯火阑珊的城市里，她发现"那人"其实一直伴她左右……

男女主角从相互讨厌，到真心相爱，也是用了这个硬组合。

我们看过太多类似的影片，把两个完全不可能在一起的人，通过各种事件、故事、情绪的推动，最后使他们能在一起，这些就是创意。中间的事件、故事、情绪等就是桥梁。

四、新媒体也可以用硬组合

之前运营微信公众号时，我们做了很多有意思的选题。

其中有一篇文章题为《中秋节那些永远回不去家的

人》。中秋节前，我们前往北京八宝山等墓地进行采访。大家可能认为，中秋节去墓地采访是一件听起来有些恐怖的事情，但其实在这个被赋予"团圆"含义的节日里，会有很多人去墓地祭拜自己的父母、朋友、爱人。

一个墓碑上刻着这样一句话："你的英灵化成一只小鸟，在初春的晚霞中，来到我的心田中筑巢。"这是 30 多年前，一位老先生写给他爱人的墓志铭。当时，我被这份纯粹的爱意深深地打动了。时至今日，不知当年的老先生是否健在，但是他为爱妻留下的碑文是永恒的，无论是谁看到都会为之动容。

将中秋节这个象征团圆的节日热点与永远回不去家的人、无法团圆的这类群体组合在一起，也就是我们所说的硬组合，进而可以制造反差。

在运用硬组合的技巧时，可以分为两步走：

（1）明确事件的主题。首先要明确一个热点事件中最突出、最能体现本质的主题词，比如中秋佳节的"团圆"，锦鲤杨超越的"好运"等。

（2）确定一个与之相反的主题，将二者进行结合。这一技巧的亮点就在于与主题词完全相悖的另一个侧面，比如在中秋佳节谈"祭拜"，在杨超越的锦鲤事件中谈"倒霉"等。

公众号"萍语文"在父亲节到来之际发布的文章《没有父亲的父亲节》,也是使用了硬组合。以下是部分原文:

你走以后,母亲头发花白,人生只剩余生。她一个人洗衣叠被,一个人提篮买菜,一个人从繁华街市回来。母亲喜欢坐在廊前看流云,她不知道,哪一朵是随风而去的你。

你不在,我漂到哪里都是异乡。唯有月如水时,唯有风乍起时,唯有天欲雪时,我才会在人潮人海中忽然泪如雨下——世界上最疼我爱我的那个人,已经去了比远方更远的地方。

于是,我羡慕天下所有的父亲:割麦打谷的父亲,提笼架鸟的父亲,无酒不欢的父亲,嬉笑怒骂的父亲……如果父母是归途,父亲在,我们还有山路;父亲走了,我们只剩水路。

好想好想,穿越时光回去看你,你在树下送我去远方,你告诉我:去追吧,别回头!那时我不懂,每个人都只能陪我走一段路,所谓父女,就是你目送我去远方,我目送你去天堂。

　　硬组合被用在内容创作的方方面面，简而言之，就是生活中的任何不相干的甚至是相反的事情，都可以被联系起来，如果解释得通，那就叫创意。

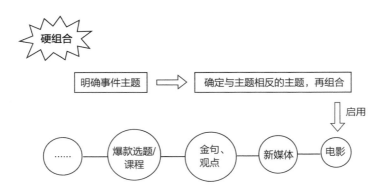

第6节
换角色：做创意的另一大方法

知乎中有一个特别火的问题：

假如《西游记》里孙悟空和唐僧的性格颠倒一下会是什么样？

下面是我特别喜欢的一个答案：

孙悟空："师父，我觉得，这个妖怪我下不了手。"

唐僧："你怎么下不了手？你一棒子下去不就完了么！"

师父骑着白马，撸了撸袖子，恨不得亲自上场。

孙悟空心想："此人若不是没有法力，只怕取经也就没我什么事了。"

"你当年大闹天庭的劲儿哪里去了？"唐僧问孙悟空。

孙悟空："当年因为太上老君炼丹，结果失火烧了天庭，我背了黑锅，那如来也不问我缘由，就将我压在五指山下，这事我跟谁说？"

"如来，呵呵。"唐僧一听如来，脸色轻蔑，抠了抠指甲，"真傻。"

孙悟空："我说你怎么能诽谤佛祖呢，好歹是观音姐姐让我看着你，我也算是个佛门弟子，你不能这般侮辱佛祖。"

唐僧："知道啦。"

读完上面的文字，你觉得这还是你从小看到大的西游记吗？很显然不一样。那么作者又是怎么让其变得不一样的呢？

他把孙悟空和唐僧的性格变换了一下，唐僧从唯唯诺诺变成了天不怕地不怕，孙悟空从绝世霸王变成了胆小怕事慈悲为怀。

读者看完以后就会有一种熟悉的东西被打破的感觉。

《让创意更有黏性》中写道，吸引他人注意最基本的方法就是：打破常规。用户适应规律性事物的速度很快，持续不变的感官刺激往往让用户视而不见且听而不闻。

其实不止刚才知乎上的那个回答，让导演黑泽明封神的电影《罗生门》也是如此。

罗生门，日本京都的正南门。云游四方的僧人、砍柴的樵夫和乞丐在城门底下避雨，三人闲聊，话题开始，故事的序幕拉开。影片借僧人之口，在开头便直白地抛出了核心问题：人类是否值得相信，真相是否存在于世？

随着现场人的叙述，一个故事慢慢展开：一个武士和他的妻子路过荒山，忽然一阵风拂过他妻子的面纱，被躺在树下的强盗看到，强盗觊觎武士妻子的美色遂起歹念，他绑架了武士，在他面前强暴了武士的妻子。后被路过的樵夫看到，樵夫慌乱报官。

惨案是怎么酿成的？

强盗杀死武士是既定事实，但杀人的动机和凶器，每个人的说法都不一样，甚至互相矛盾，但都没有任何逻辑上的漏洞。

强盗说，自己本来什么都没想做，但风把武士妻子的面纱吹了起来，他被武士妻子的美貌迷倒，于是他就动了邪念，把武士的妻子强暴了。本来他没打算杀那个武士，但是武士的妻子让他杀掉武士，他就跟武士决斗了很多个回合，打败了武士。强盗在讲述的过程中描述了很多次武士很厉害的招式，以此来衬托自己。

强盗的讲述突出了自己的骁勇善战。

武士的妻子说，强盗把她强暴以后就走了，他去找武士的时候，发现武士对她很冷漠，她很难过，就拿出短刃让武士杀了自己，随后自己就晕了过去，醒来后发现丈夫胸口上插着匕首死去了。

武士的妻子的讲述突出了自己对贞洁的看重。

死去的武士借巫师的口说，强盗在自己的面前强暴了妻子，然后他发现被强暴的妻子居然要求强盗杀死他，他特别愤怒，强盗此刻也感觉十分恶心，一把推开武士的妻子，并问武士怎么处置她，那一刻武士原谅强盗，但无法忍受妻子的恶毒。武士悲愤交加拔出短刀自己剖腹而死。

武士的讲述突出了他的难过。

最后樵夫说出了事情的真相：强盗强暴完武士的妻子以后，想带她走，她让武士和强盗决斗，自己会跟随胜利的那方走。武士认为自己的妻子水性杨花，不仅不愿意决斗，还问妻子为什么不自杀。一直痛哭的妻子突然站起来，嘲讽这两个男人懦弱，终于激得两个男人决斗。两个怕死鬼，毫无招式非常尴尬地打了几十个回合，最后强盗侥幸杀死了武士。

但樵夫说的又是真相吗？他偷走了现场的凶器：一把镶着珍珠的匕首，为了掩饰这一点，他也没有完全说出真话。

这四个人对同一事件的不同讲述，组成了不尽相同的故事，共同构成了这个多层次、多视点的复杂叙事。于是一桩原本简单的强奸案，在纷纭众口之下，隐去了真实的面孔。

这就是"换角色"的巅峰之作，就是同一个故事，找几个人以自己的视角讲一遍，然后将这些视角的故事进行融合放在一起。

就像史铁生的一句话："历史在发生时未被发现，在发现时已被重组。"我们可以看一下我们熟悉的作品比如《史记》，司马迁写作的角度更多的是从自身出发。

创意最简单最本质的来源就是换角色。

新媒体写作也是一样。

2017 年 10 月 8 日，鹿晗和关晓彤公布恋情，网友炸开了锅。消息发布短短几分钟后，新浪微博的服务器居然瘫痪了。当天新浪微博的 Web 架构师丁振凯结婚，不得不先把服务器的漏洞修复了，再举行结婚仪式。他成功地凭借这个热点立下了敬业人设，被网友称作"新郎程序猿"，成为微博粉丝超过三万的 IT 届红人。

当天最火的是鹿晗微博账号发布的一句话："大家好，给大家介绍一下，这是我的女朋友@关晓彤。"这条微博的转发量是 127 万，评论 291 万，点赞 592 万。

当时很多新媒体从业者都在跟这个热点，但是大家就跟商量好的一样，基本上都是从鹿晗的角度出发。打开微信公众号，看到的基本就是以下三个方向的内容：《敢说

"大家好，这是我女朋友"的男人加 100000＋分》《鹿晗和关晓彤：这才是一个男生对待感情该有的态度》《鹿晗和关晓彤：爱一个人就得让全世界都知道啊》。

如果你和大家选择了同样的角度，就相当于你和 1 万个人站在同一个赛道上，争夺百米赛跑的冠军。如果你选择一个没有人竞争的赛道，即使不花费太多力气，阅读量也不会低，因为你和别人不一样，独特就是你最好的武器。

我当时就职的新媒体公司也没什么好方法，只能用人海战术，找几个写过很多爆款的编辑，关在一个屋子里面想，然后想出来 100 个选题，再对这 100 个角度进行反复讨论，最终确定一个。但我认为这种做法有些低效，就像买彩票，你永远不知道自己什么时候会中奖。

在学会了换角色这个方法后，我发现原来做爆款选题如此简单，根本不用这么多人，只需要列出来几个角度，几分钟就能想出爆款选题。

我曾经把这个方法分享给一个运营千万粉丝微信公众号的主编，他听完之后，沉默了一分钟，而后赞不绝口，直说"太厉害了！"

所以，其实创意最简单的来源就是"换角色"。

在鹿晗和关晓彤公布恋情的事件中共有四个角色：鹿晗、关晓彤、鹿晗粉丝、路人。

因为鹿晗的角度已经被写烂了，很难出彩，所幸就放弃这个角度，直接从以下的几个角度出发。

鹿晗粉丝的角度：比如《鹿晗：我花钱买你单身》。

关晓彤的角度：比如《关晓彤：我为什么配得上鹿晗?》《关晓彤：因为足够努力，所以嫁给爱情》。

路人的角度：《幸好和鹿晗在一起的不是你》。

首先说一下鹿晗粉丝的角度，因为当时看了很多微博评论，发现类似："鹿晗你谈恋爱就谈恋爱，你为什么公开，你就不能骗骗我?"这类"卑微"的评论往往点赞很多。很多粉丝甚至因爱生恨，开始主动爆鹿晗的黑料。一时间鹿晗脱粉无数。

很多粉丝其实对鹿晗还是比较在意的，已经不单单是粉丝和偶像的关系，很多粉丝已经把鹿晗当成了"男朋友"，因此给鹿晗花钱就是给自己的男朋友花钱。

于是就有了这个题目《鹿晗：我花钱买你单身》，从粉丝角度出发，没人竞争，很轻松就可做出爆款。

社交媒体往往是一个很好的发现共鸣点的地方，高赞的内容往往就是大家的共鸣点。

其次，如果从关晓彤的角度来写，可以写《关晓彤：我为什么配得上鹿晗?》《关晓彤：因为足够努力，所以嫁给爱情》。

　　这两篇文章写的是关晓彤出身书香门第，从小就开始演戏，获奖无数，所以肯定配得上鹿晗。这类文章一出，争议肯定不断，就算不认同，仅靠反对的声音，10 万 + 的阅读量也是绰绰有余。

　　最后就是从路人的角度来写，我的一个朋友写了一篇文章，叫《幸好和鹿晗在一起的不是你》，当时是关于鹿晗和关晓彤恋情最火的文章，他就是从路人的角度，细数粉丝们太过分，对关晓彤的辱骂给关晓彤造成了很大的困扰。以下是文章节选：

　　所以呢？

　　你说不配就是不配？你不相信就是炒作？你觉得不是真爱就得分？

　　要知道就算鹿晗不和关晓彤在一起，也不会和你在一起啊。

　　关晓彤童星出身，家境优渥，长相好，以艺术课和专业课双第一的成绩考进北电，靠实力拿白玉兰奖，才大二就开奔驰养活自己和家庭。

　　你呢？

　　刷微博刷得这么起劲，是长得不好看还穷，是懒又不努力，或者是连自己都养活不起还在向父母要钱呢？

　　所以有空嫉妒有空酸有空嘲讽，不如先看一看自己，把自己管好吧。

现实生活中总有这样一群人，看不得别人如意，接受不了事情不按照自己所想象的方向发展。

自己单身，看见朋友圈秀恩爱的情侣，就笑他们秀恩爱分得快；

自己邋遢，看见别人穿着精致，就说人家作；

自己懒惰，看见别人拼命努力，就说人家是功利心强不择手段；

自己一无所成，看见别人小有成绩，就说人家是歪门邪道背后有人；

……

记得有一次和朋友在商场排队买奶茶，我的前面有两个很漂亮又有气质的女生，就听见后面的两个女生充满鄙夷地议论道：

"肯定开了眼角，垫了鼻子，一看就是假的，这种整容的人，掉进网红堆里估计她妈都不认识吧。"

我回头瞧了一眼，是两个学生打扮的女生，本来清秀的面孔因为尖酸刻薄，变得有些丑。

首先我们无法肯定那两个漂亮女生是不是真的整了容，其次就算整容了，也是她们为变美甘愿付出的代价，也不应该承受这样的议论。

可就是有人见不得人家好，妄自以内心的阴暗去揣度和臆想别人，从而获取安慰，宽宥自己的平庸。

屁股决定脑袋，思路决定出路，如果你站在员工的角度思考问题，你会说我渴望休息，讨厌加班；但如果你成为一名老板，就可能会改变想法，希望员工天天加班。如果你是学生，你可能会讨厌学习；但如果你是一名教师，你会想方设法让学生认真学习。这些，都是角色转变引起的巨大思维变化。

所以，其实创意最简单的来源就是"换角色"。

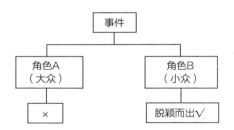

第 2 章

微博

微信公众号"深几度"这么评价微博：从"围观改变中国"，到"随时随地发现新鲜事"，微博已经走过了9个年头。

　　公元一世纪，希腊哲学家普鲁塔克提出过这样一个问题：如果忒修斯之船上的木头被逐渐替换，直到所有的木头都不是原来的木头，那这艘船还是原来的那艘船吗？

　　微博多像是这艘"忒修斯之船"啊。

　　它身上的"木头"早已经不是原来的"木头"了。当年的"船员"也换了一茬又一茬。

　　从公知时政的话题策源地，到今天公共舆论、吃喝玩乐的广场，甚至是很多"成年人的QQ空间"，微博在今天的功能复杂而又多样。

　　但是不可否认的一点是，微博至今仍然是建立个人品牌和企业营销的必争之地。

　　下面从定位、流量、做热搜这三个维度展开，教大家如何运营微博。

第 1 节
3 个维度做好定位

无论做什么产品，第一步都需要定位，这样才能清楚你的产品要卖给谁，市场在哪里，针对目标客户要如何推广。运营微博也是同理，第一步要先定位，才能圈定我们的目标用户，进而展开下一步的推广。

要想做好定位，需要从账号的昵称、简介以及运营内容的垂直三个角度入手。

一、昵称

一个好的定位从账号的昵称就能体现出来，好的昵称就是要让人通过昵称，一眼看出你是做哪个类别的博主。

如果你是个美食博主，叫@中华美食为王、@美食家大雄、@DIY私房菜就很合适。

如果你是搞笑博主，那叫@笑点菌、@微博搞笑排行榜、@九品段子手、@全球第一恶搞、@这微博笑死我了就让人一目了然。

如果你是情感博主，那么可以叫@治愈系心理学、@正能量录、@恋爱日常事、@你将相思赋予谁等。

如果你是旅游博主，那么可以叫@全球旅游攻略、@旅行少女酱、@旅游大表哥、@咱们去旅游等。

如果你是影视博主，则可以叫@电影圈君、@全球影视大搜罗、@追剧、@新剧等，如果你做的内容集中在某一类型的影视上，则可以叫@天府泰剧等，用户一下子就知道你是泰剧博主了。

如果你是时尚博主，则可以叫@直男什么值得买、@搭配师林欣等。

上面这些例子不是我随便取的昵称，基本上都是在微博各个门类博主中影响力前 10 甚至前 5 的账号的昵称，它们都有一个共同点，就是一目了然，让用户一下子就能看出其是哪个类别的博主。

二、简介

除了昵称这个"第一张脸"，简介是让用户更快更详细识别你的另一途径，因此，简介一定要能体现你做的是哪方面的内容。

我们可以继续看看前面列举的各类型博主的简介，一探究竟：

美食博主的简介都充满浓浓的生活气息：@中华美食为王的简介是"美食分享，吃货的最爱！"@美食家大雄的简介是"两个娃娃的父亲，一个妻子的丈夫，两对老人的儿子。生活，美食，简单快乐。"@DIY私房菜的简介是"以美食会友，用视觉和味觉分享生活的感动。"

搞笑博主一般就直接告诉用户，我这里每天都会分享搞笑段子/视频：@笑点菌的简介是"微博每天分享搞笑幽默。"@这微博笑死我了的简介是"感觉自己萌萌哒。"@微博搞笑排行榜的简介是"微博搞笑中心！每天搜罗最搞笑最好玩的微博。"@全球第一恶搞的简介是"各种新奇搞笑视频。"

情感博主的简介就会文艺一些：@治愈系心理学的简介是"治愈系，一种平静后舒畅的感觉！"@正能量录的简介是"每天正能量！"

旅游博主的简介和"出游""旅行""生活"相关：@全球旅游攻略的简介是"为你推荐出行计划，指引你在最美的季节去最美的地方！"@旅游大表哥的简介是"不爱美食的旅行家，不是合格的摄影师。云南旅游攻略。"@咱们去旅游的简介是"牵起手，一起去旅游，看最温暖的风景，让你走进如画的世界，感受大自然带来的快乐。"

影视博主就会在简介中表明自己身份和功能：@电影圈君的简介是"我是电影狂。"

时尚博主的简介通常会表明自己对时尚的见解：@Fashion Landing 的简介是"时尚是一种态度。"@直男什么值得买的简介是"逛超市达人！"@柴晓漫的简介是"喜欢细节的半极简主义者。"

这些博主的简介风格各异，但有一个共同的核心点——表达自己，他们都在向用户进一步介绍自己的态度或者功能，以方便用户更快地了解自己。

三、内容垂直

何为内容垂直？其实就是"专一"。决定做哪个类型的内容，就统一做这个类型的内容，不要第一天发情感类的内容，第二天发影视剧的推荐，第三天开始推荐美食，这样你的用户无法定位你，你也无法吸引用户。试想用户以为你是情感博主，是来你的主页寻找情感慰藉的，却看到东一条影视推荐，西一条美食推荐，用户可能就直接取关了，这样用户的黏性自然也不高。

内容垂直做得非常好的比如@银教授，作为一个不太搞笑的搞笑博主，他的内容除了一些不太搞笑的段子，别无他物。

@银教授发的都是段子、笑话，还有一些搞笑图片和视频，非常"专一"地定位了自己——搞笑博主（虽然并不搞笑），但因为他足够垂直，因而他也成为坐拥千万粉丝的微博大咖。

之前我最喜欢的一个博主，微博上最会说情话的段子手@柳三便，也写了很多特别好的句子。

"我人生两次学说话，一次是小时候，一次是见到你的时候。"

"如果可以穿越，我想回到你出生那天的那家医院，跟在走廊里焦急踱步的你爸说：'别担心，你媳妇儿和我媳妇儿都会没事的。'"

"我不羡慕今天秀恩爱的情侣，我嫉妒以前的我们。"

"我受过凌迟大刑，是你走后一遍遍想你。"

"有爱人的时候，背井离乡当作旅行。爱人离开后，走两步都是漂泊。"

"我努力找你说话的样子，像极了北京的出租车司机。"

"昨晚喝多的时候很想你，第二天酒醒了，想你和喝多没关系。"

你可以看到这个博主，从开始写到现在，一直都在深耕"情话"。

他在一次采访中说："我无法告诉你爱情的甜蜜是何滋味，无法表达失恋的痛苦怎样痛彻心扉，但是我的文字可以。它凝聚了心动的那些瞬间荷尔蒙迸发的化学作用。"

再看一个例子，从前面讲的昵称到简介再到内容垂直，@投稿这个号都做得非常好，我们看看博主是怎么做的。

作为一个专门做投稿征集类的博主，其昵称就直接叫@投稿，非常直白，简单明了地做了定位。

@投稿的简介就更直白了，"不懂就问，私信投稿"，生怕大家不知道他是投稿征集类博主似的，让用户直接投稿，投稿方式也提供了——"私信"。简简单单 8 个字，表明了身份，提供了投稿渠道，也促使用户和自己互动。

做的内容方面，@投稿也非常"专一"，完完全全做到了内容垂直。

其格式一般都是一句概括内容，下面附上用户的投稿，比如：

微博内容是"plmm 的夏天穿搭"，下面附上用户的私信。

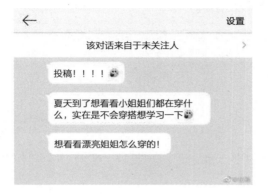

微博内容是"怎么看待情人节不发红包，买了很便宜的礼物的男生?"，下面附上用户的私信。

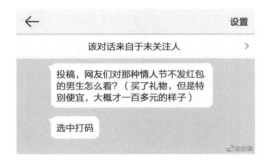

@投稿也会发一个问题引发讨论，目的也是在于促使读者投稿，比如：

"兄弟们，你们打游戏是喜欢开语音还是不开语音呢? #当你的队友不能说话时# "

"兄弟们，谁去过老丈人家喝酒? 是啥感觉呀? #第一次在老丈人家喝酒#"

"在家叫过长辈的小名吗？#当你叫你姥姥小名的时候#"

像@投稿这样，从昵称就开始给自己定位，告诉用户"我就是做投稿征集的""你们快给我投稿吧"，简介还进一步告诉用户"私信投稿"，内容上非常垂直，所有内容要么来自投稿，要么就是催用户投稿，没有掺杂任何其他不相关的内容。

只要你能从昵称、简介、内容垂直三个方面做好定位，用户就能很快记住你，并且成为"活粉"。

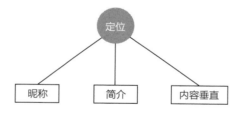

第 2 节
2 个绝招增加流量

在流量制胜、流量为王的时代，不谈流量，空谈内容都是耍流氓。如何为自己运营的账号增加流量？总体而言，有"蹭流量"和"押热搜"两种方法，这两招容易上手操作，并且成功率极高。

一、蹭流量

蹭流量，顾名思义，就是"蹭"其他事件的热度，"蹭"并不"可耻"，而是要学会如何"蹭"得高明，如何"蹭"得有艺术感。蹭流量包括五种方法，下面我将给大家一一介绍。

1. 复制

复制就是去"复制热门评论",将热点事件的高赞评论,复制到我们自己的微博上,为我所用。

因为热点事件势必是已经广泛引发大家讨论和共鸣的事件,高赞评论意味着大多数用户是认同这个观点的,将高赞评论复制成为我们的内容,必然也会受到多数人的欢迎。

微博上有很多大号,在热点发生后都会在第一时间去复制高赞评论,因为个人的才华永远抵不过大众。

2. 投票

当你点击一个上了热搜的词条时,你会发现其中有一条微博是置顶的,这是这个话题"主持人"特有的权力,即使他的流量不是最大的。这时候并不是只能眼巴巴看着,虽然抢不到置顶的权力,但只要你迅速做出一个关于这个事件的投票,那么你就能在这个热搜中有一席之地。

投票的问题就是热搜词条讨论的话题,选项里的不同观点当然就是来自高赞评论,也可以加上类似"吃瓜"的事不关己的选项。只要这个话题火了,这个投票也必然有很多用户参与。这样就可以轻而易举地在别人的热搜中分一杯羹。

2020 年 2 月 28 日北京时间 17 时，国际体育仲裁法庭宣布判决，"孙杨被禁赛 8 年，即日生效，孙杨将无缘 2020 东京奥运会"。这个消息一出，#孙杨遭禁赛 8 年#的词条就上了微博热搜榜，所有人都在关注这件事情，@新浪体育 17 时 07 分的这条微博下面的评论超过 20 万，点赞超过 200 万，高赞评论如下：

@白子她姐：支持孙杨上诉，等二审，相信孙杨（20 万＋赞）

@灵感 IQ 称得上 10 分之高超：不会吧！！！！！！（13 万＋赞）

@哈尼鹿呀八岁继母：希望大家能讲证据，理性对待……偏信则暗（7 万＋赞）

这三条高赞位居前三，并且分别代表不同的见解。当日 17 时 37 分，@头条新闻 就做了个投票的微博，投票问题是"孙杨遭禁赛 8 年你怎么看？"也就是这个#孙杨遭禁赛 8 年#热搜词条讨论的问题，投票的选项基本上和以上三个高赞评论的观点一致：

①到底为什么被禁赛？

②惊呆了，支持上诉。

③不了解，不好评价。

④其他意见。

这几个选项和高赞评论的几种不同观点几乎一致，也就能代表广大用户的意见，即使不是最先发的消息，@头条新闻在这条热搜下也获得了近 200 万个赞。

3. 表情包

表情包轻松有趣，而且易于传播，用户更容易接受。一个已经上热门的话题，说明其自身已经自带热度了，再把这个话题的精髓总结出来，用表情包的方式做成微博内容，自带热度且形式有趣，那么你做的这条微博自然不愁热度。

就比如说"双十一"这个话题，在"双十一"当天会有各种关于"买买买"的热搜，但无论哪一个词条，都避不开"吃土""穷""没钱""剁手"这样的高赞评论，这时候适时地做些有关"吃土"的表情包，就能让你的内容在清一色的文字内容里脱颖而出。

上面这些表情包生动形象地表现了"双十一"买买买后大家的状态，看到的用户都会被逗乐，用户开心了，自然愿意自行转发、传播，这就比单纯发文字更讨巧了。

4. 增量

复制是直接照搬热评，增量则是在复制的基础上学会将高赞的核心观点提炼出来，再扩写成一篇较长的微博。

具体操作我们可以看一个例子。

2019 年 11 月 25 日，@宇芽发微博称"我被家暴了，过去的半年我仿佛活在噩梦里，关于家暴的这一切，我必须说出来！#面对家暴不再沉默#"。这个事件引起网友的广泛讨论，微博热门评论的主流观点集中在：

不要沉默！报警！

家暴只有 0 次和无数次。

家暴男多次结婚离婚，多次家暴前任。

提取出热门评论的核心观点后，我们就把这个观点作为我们内容的核心去扩写，去做增量。

比如，用一个主题是家暴的演讲的内容，衔接"不要沉默！报警！"这个观点，展开讨论，提出建议"敢于说出心声，远离阴霾，重新开始新人生"：

【为什么家庭暴力受害者不离开】斯泰纳（演讲者）描述了她的婚姻中黑暗的一面，纠正了许多人对于家庭暴力受害者的错误理解，并告诉我们如何帮助受害者打破沉默。思考：受虐者的确是有责任的，出于对对方的爱与惧怕而选择忍受与沉默，是把那些受虐者引向死路的重要原因。希望每一个遭受家暴的人，在事态不可挽回之前，敢于说出心声，远离阴霾，重新开始新人生！

对于"家暴只有 0 次和无数次"的观点，就可以这么写：

前天#宇芽被家暴#刚上热搜,引起了大家对家暴的关心。今天#蒋劲夫#也因为家暴上了热搜。对比两个事件,你可以清楚地发现,这两个人都有过不止一次的家暴。家暴只有0次和无数次。我承认,我也有暴力倾向,但是九年义务教育,高中还有大学的教育,教会了我如何理智地去处理问题,而不是用暴力。看完这个视频其实我挺难受的,当一个姑娘爱上了你,确定了把自己的后半辈子托付给你的时候,你却克制不住自己的暴力倾向,出手打向了自己最爱的人。有句话说得没有错,可怜之人必有可恨之处,每一个被家暴的人,都会一次一次地原谅那个施暴者,最后受伤的还是自己。当自己遍体鳞伤的时候,才选择离开。

这篇微博就是结合当时的热点事件(蒋劲夫),再结合作者自身做的增量,把"家暴只有0次和无数次"融进微博内容。

对于第三个观点,就援引《令人心动的 offer》节目里何老师和 papi 酱的对话来展现观点——"只有家暴者才会反复跟女朋友强调自己不打人""和一个人交往前一定要了解他的背景":

#宇芽被家暴# 看完宇芽被家暴的视频,想起来《令人

心动的 offer》里何老师和 papi 酱的这段对话，请所有女生反复收听 100 遍！！

何老师：如果你突然遇到一个人跟你完美适配，你一定要小心。没有这样的人！他一定是有目的地接近你，不要那么相信童话！

papi 酱：想对所有女孩说，脑子一定要放清醒一点。谈恋爱的时候，要把自己当成居委会街道大妈一样去了解他的家庭背景、人际关系、社交网络。如果一个人总是遮遮掩掩躲躲藏藏，这个人一定有问题。还有就是想说，什么人才会反复跟女朋友强调自己不打人？你会强调自己会说中文吗？

通过增量这个方法，将热评的观点扩写，深化其内涵，远比单纯转发转载事件本身更能影响用户，也更能打动用户。因为如果你只是简单地搬运高赞评论，用户其实是很难完全认同的。

5. 爆款

前面几种方法的本质还是同他人在一个赛道比赛，因为我们都是在"就事论事"，就这个事件通过复制、投票、表情包、增量的方式来"蹭流量"，你能做，其他人也能做出同款内容。

要跑赢同行，就要学会另辟蹊径，换一条路径"蹭流量"，才会更容易做出爆款。比如，针对一个事件，做一个讽刺类型的内容就是这里的"另辟蹊径"。一来讽刺类的内容顾左右而言他，不触及敏感内容，但用户都知道你在讽刺某事件；二来这样骂得高级，用户"爽感"高，更容易传播，成为爆款。

二、押热搜

押热搜，顾名思义就去"猜"去"赌"能上热搜的话题。当然这里的"猜"和"赌"绝对不是拍拍脑袋就决定的，而是有根据的。最简单的押热搜方法就是在综艺节目的弹幕中寻找热门的弹幕，这些弹幕的关注点就有可能是当天热搜的关键词。

比如，有一期《天天向上》请来了国际知名化妆师，化妆师教嘉宾和主持人怎么用随时可见的工具化妆，最后场面就变成"直男"嘉宾和主持人相互化妆，非常搞笑。因为这个环节十分有趣，弹幕都和"化妆""×××化妆太搞笑了"相关的，事实证明，这些弹幕中的核心词都变成了当天热搜词条的核心词，#天天向上 化妆#、#王一博给大张伟贴双眼皮#、#直男是如何化妆的#这些词条都上了热搜。

这就是通过寻找弹幕中集中出现的、高赞的内容，来提取核心关键词，并把这些关键词转换为热搜关键词的过程，就是我们说的"押热搜"。

这样的例子很多，比如在某期《王牌对王牌》，嘉宾一起玩传声筒游戏，但耳机里音乐声太小，嘉宾完全可以听见传的话，沙溢太实诚了，戴着耳机时被沈腾问"你听得见音乐吗？"沙溢完全没有掩饰，直接回答"听得见。"爆笑全场，弹幕也被两人的互动引爆了，当天就有一个#被沙溢沈腾笑死#的热搜。

在某期《我家那闺女》中，宋茜下厨为工作人员包饺子，女明星下厨房很能激起观众的讨论，弹幕里就有"上得厨房，下得厅堂""暖心"等核心词，最后热搜上果然有#宋茜给工作人员包饺子#这个词条。

这样的例子比比皆是，只要善于在综艺节目的弹幕里寻找观众热议的点，把这些点提炼出来，就能押中当日的热搜词条了，这个方法屡试不爽。

甚至很多明星的经纪团队，会在明星参与录制的节目中找网友高赞的评论，比如据说杨超越当年特别火的标签："全村的希望"，就是其经纪团队在刷与她有关的综艺节目时，在视频弹幕中看到的。

所以永远记住一句话，高赞内容是通往爆款的高速公路，信高赞内容者得天下。

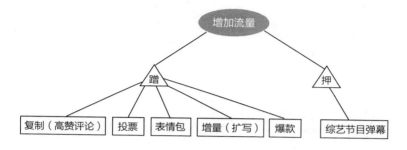

第 3 节
引爆热搜的 3 个关键点

　　每天打开微博，最先映入我们眼帘的就是页面上方的几条实时热搜词条，这些热搜词条会实时更新，它们的变化引领着当天微博用户的关注焦点，但要知道这些热搜词条并不是只掌控在微博用户或者微博后台管理者手中，我们也是可以引导和创造热搜词条的。

　　知己知彼，方能百战不殆，我们要先了解热搜的机制，知道热搜词条在上热搜榜前都会经历什么，知道什么样的词条更容易上热搜榜，这样才有利于我们制造出好的热搜词条。

　　热搜词条进入大众视线，背后是有一套机制的，并不是话题到了一定的流量就能直接进入热搜榜。发布的话题有了一定的流量后，话题将进入微博后台的热搜词备选当中，这时就不仅仅是看话题的热度、讨论度之类的数据了，而是需要经过人工筛选，只有符合一定条件，这些备选的话题才会真正地出现在热搜榜上，进入大众的视线中。

以我的经验，你做的词条想上热搜榜，至少要符合以下三个条件：

条件1：词条必须符合社会主流价值观，这是最基本的一点，非常好理解，也非常容易做到，就不展开赘述了。

条件2：首次发布热搜词条的账号必须是个人号，而不能是公司的官方账号，否则会被限流。后文会详细介绍。

条件3：在做热搜词条时，自行明确热搜词条并用"#"标出。这个虽然不是必要条件，但一般来说，用"#"标注出的词条更明确，更容易被选中，因此更容易上热搜榜。

正如前面提到的，热搜词条进入热搜榜前是要经过人工筛选的，只要是人都有"惰性"，这不是说人工筛选不好，而是我们设身处地思考一下，如果我们每天面对成百上千个热门话题，每个话题都有其讨论价值和讨论度，那么，用"#"标出的话题是不是可以在人工筛选过程中更一目了然，更容易被发现？另一方面，直接用"#"标出的话题也免去了后台人工编写话题标题的麻烦，比起没有"#"的话题，相信换做你也更愿意选择直接带"#"的话题。

一、选题

题好文一半，做热搜也是同样的道理。选题精准，更有助于做出热搜。热搜其实是不断重复、有迹可循的，因此要善于从以往的热搜中找到规律。下面为大家总结出两条热搜选题思路，分别是总结热点日历和归类同类型事件。

1. 总结热点日历

热点日历是指每年大众都关注的、容易引发讨论的特定时间，这些特定时间包括某个固定节日、伟人相关的纪念日等，是需要我们自行总结、不断修正补充的。在本章末尾，我为大家提供了整年的重要时间点的热点日历。

要记住，今年某个流行的东西，可能明年、后年、大后年的同一时间，也会流行。

比如我在 2018 年写过一篇文章，叫作《国庆朋友圈鄙视指南》，这篇文章当时在朋友圈中被疯狂转发，相信很多朋友都见过，也有官方账号转发了这篇文章。

2019 年的时候，"国庆朋友圈鄙视指南"这个标题被原封不动地从微信搬到了微博，内容和我原来文章的内容也是一样的，最终这个词条变成了 2019 年国庆期间的热搜词条。

可见在同一个节日或者时间点，流行的段子、观点往往都是相似的，是可以预测的。

2. 归类同类型事件

把同类型的事件进行归纳总结，找出这一类事件发展的规律，当这类事件再次发生时，我们就能比较好地预测用户的关注点。

比如我和团队曾经预测过 2019 年国庆期间的热搜。2019 年这个年份比较特殊，是新中国成立 70 周年，70 周年是个整十的年份，于是我们想到必然会有盛大的阅兵仪式。

这些内容都是大家已知的，从这些已知的事件中，我们在预测 2019 年国庆热搜关键词时，联系以往的阅兵仪式，以及以往有"兵哥哥"出现的热门话题，预测"好看的小哥哥小姐姐都上交国家了"可能会成为热搜词，最后事实也印证了我们的预测。

再比如，明星、网红分手类型的热搜后通常会有"再也不相信爱情""明星分手的文案"等热搜。2019 年 11 月接连有数对明星和网红分手（离婚），于是就有一个#宣布分手文案大赛#的热搜，大家盘点各大明星网红的"分手文案"，各种对战，不亦乐乎。诸如：

阚清子、纪凌尘分手："你喜欢大海我爱过你"。

张天、陈奕辰分手："暂停恋爱关系"。

阿沁、刘阳分手："摸我的身体就像在摸自己的"。

杨紫和秦俊杰分手："无关他人，没有背叛"。

马思纯和欧豪分手："相逢无悔，过往无憾"。

因此，平时多搜集、多整理、多归类同类型事件的发展脉络，当下一次有类似事件发生时，就可以有迹可循，比较准确地预测用户的关注点，提前做出用户感兴趣的热搜词条。

要记住，"传播问题"本质上是"历史问题"，因为爆款总是会重复，历史也总是会重复。

《圣经·传道书》中写道：已有的事，后必再有；已行的事，后必再行。日光之下，并无新事。

二、内容

创作出有趣、能引发自发讨论的热搜，只需要掌握三个点：搞笑、走心、升华。这三个点是有顺序要求的，这样有层次感的热搜，才是一个能引发讨论、高质量的热搜。

搞笑，是能否引发讨论的关键。当然不是说所有的话题一开始就必须搞笑，因为有些严肃的话题如果刻意搞笑反而不合时宜，而是指大部分的话题的开始，采取段子、表情包等能让人开怀大笑的手段，会更容易让人接受和传播。

走心，就是在"搞笑"的基础上，使用户"笑着笑着就哭了"，只有"哭了"才会真正触动人心，引发共鸣，而不仅仅"一笑而过"。

升华，就是推动用户进行反思。在前两者的基础上，大家笑过、哭过，最后要将这个话题升华到一定高度，才会使人印象深刻，要使用户在这个事件上反思、总结，获得一些感悟，才会使这个热搜词条更具社会意义。

举个例子，我2019年9月做了#第一批"90后"还有100天就30了#的霸屏热搜，占据热搜榜第一近半天，最后获得5.7亿阅读和10.4万讨论。

搞笑：开始时，讨论的关注点是——原来"70后""80后"眼中的"小屁孩""90后"现在也老了，现在"10后"见到"90后"都要叫是叔叔阿姨了，是一件比较搞笑的事情。

另外，我还找了一些段子手，比如银教授、休闲璐、刘全有等一些网红开始刷#第一批"90后"还有100天30岁，我还是单身狗#等话题。

走心：随着话题的展开，开始走心，将讨论的焦点对

准 "30 岁了，还一事无成"。这种感触是非常真实的，非常符合绝大多数普通人的心态。大多数人在 30 岁都面临着生活的重压，甚至年少轻狂时的梦想和理想，到了 30 岁也该梦醒了，30 岁这个数字刺激了大多数人的神经，因此引发了大家的共鸣。

知乎

第一批马上奔三的"90 后"们，你们现在是什么样的状态？

匿名用户

30 岁前我只去过一个国家是性价比最高的泰国

只谈过一个男朋友没钱没房没车

难过了连个出来愿意陪我喝酒的人都没有

20 岁前的所有理想一个都没有实现

哦不

我忽然想起来 我还养了一只猫和一只哈士奇 虽然它们有点蠢

最后我真的没有成为我想成为的人

30 岁前我一无所有

长按二维码查看详情
分享自「知乎」APP

升华：我们找了一些权威媒体来定调，比如《中国新闻周刊》等。抛出论点：其实无论是 30 岁还是 29 岁还是 31 岁，它们并无差别，只是我们生命中的一个过程，而不是终点，即使 30 岁一事无成也不能自我放弃，还是要继续努力，乐观生活。通过这个反思，得出 30 岁不过是个数字，是个过程，一路风景正好，何必虚掷惊与慌，把#第一批"90后"马上就 30 了#这个话题上升到了另一个高度，不再仅仅是一种搞笑和焦虑，更是人生的豁达和从容，给了用户更深刻的体验。

很多企业在做热搜的时候往往会忽视上面的三个过程，所以上热搜都是昙花一现，上了热搜前三以后，很快就会掉下来。究其本质无非就是忽视了内容的演变性，只做了其中的一个他们需要的环节。

三、引爆热搜的 2 个步骤

要引爆热搜，必须记住一点：首次发布热搜词条的账号必须是个人号。也就是说，不能用公司的官方账号发布热搜词条。

可以按照以下两个步骤进行操作：

第一步，用个人账号发布关键内容，关键内容可以理解为包含热搜词条或者与热搜词相关的内容。

第二步，让两三个影响力大的账号，转发之前个人账号的内容，这样做的目的只有一个，就是引流，让词条进入前面提到的热搜备选词库里。

附：热点日历

1 月

1 日：元旦；8 日：周恩来逝世周年日；除夕、春节有时候也是在 1 月。

元旦：以"展望或回顾"为切入点，话题通常有"今年最后一天想说的话""新年愿望""今年最大的遗憾或收获"等；还可以是"预测你的 × × ×（新的一年）"等方式。

除夕、春节：围绕"回家""团圆""喜庆""习俗"等元素，发起"南北方过年习俗对比""过年回家被催婚""春运"的速度和温情、"团聚"的圆满和幸福、"不能回家的人"等话题。

2 月

2 月 14 日：情人节；春节后上班、学生开学一般在 2 月，元宵节有时候也在 2 月。

春节后上班、学生开学，可以从"不想上班""不想上学""补作业"等角度发起话题。

元宵节：抓住赏花灯、吃汤圆、猜灯谜等节日元素，可在微博发起"猜灯谜赢大奖"的互动。

情人节：从"情侣"角度切入时，可借浪漫诗词作文案，送祝福；亦可反其道而行之，关注"单身人士"，比如一个人的情人节该怎么过等。

3 月

7 日：女生节；8 日：国际妇女节；12 日：植树节；15 日：国际消费者权益日。

女生节：可以讨论的有"高校女生节横幅""女生节送礼"等话题；国际妇女节则以"祝福"或"半天假"等为切入点，也可以做一些与女性相关的微博抽奖活动。

国际消费者权益日：可以以消费者维权攻略、回顾往年的黑名单为切入点，也可以在第一时间盘点被曝光的黑名单。

4 月

1 日：愚人节、张国荣逝世纪念日；清明节、谷雨；14 日：青海玉树地震周年纪念；20 日：雅安地震周年纪念。

愚人节：各种整人的话题，可以配合段子和表情包，适当玩梗、开玩笑，但要注意"度"；也可适当发些纪念张国荣的相关内容。

清明节、谷雨：节气、祭扫话题。

地震周年纪念：缅怀英雄事迹、为地震受难人员默哀等。

5 月

1 日：国际劳动节；4 日：五四青年节；12 日：汶川大地震周年纪念、国际护士节；母亲节；20 日："520"。

劳动节：小长假出游或者宅在家里的话题，热爱工作的段子或表情包。

青年节：创新提出"××青年"，迎合自己的受众；当代青年现状大起底——佛系、穷、丧、单身等。

母亲节：以"亲情""母爱"为切入点，送祝福表感谢，提出"与母亲最温暖的瞬间""最暖心的话""最心疼的瞬间"等相关话题并发起互动，也可以以"送妈妈的礼物"为主题发起微博抽奖。

520：表白攻略，送礼物攻略，以爱与浪漫为基调；也可从"单身"这一点切入，发起"吃狗粮""一直单身一直爽"、催婚相亲等话题。

6 月

1 日：国际儿童节；高考；父亲节；18 日：618 购物节。

儿童节：回到过去，童年"糗事大盘点"，可以增加与粉丝的互动，也可以做一些段子、表情包。

高考：发起旗开得胜、金榜题名等各种祝福话题，也可以回忆当年的高考等。

父亲节：以"亲情""父爱"为切入点，除了送祝福表感谢，也可以以"送爸爸的礼物"为主题发起微博抽奖；提出"与父亲最温暖的瞬间""最暖心的话""最心疼的瞬间"等相关话题，并发起互动。

618 购物节：降价大促销、大优惠、剁手。

7 月

1 日：建党节、香港回归纪念日；暑假；28 日：唐山大地震纪念日。

暑假：天气、暑假作业等话题。

唐山大地震纪念日：缅怀英雄事迹、为地震受难人员默哀等。

8 月

1 日：建军节；3 日：男人节；七夕。

男人节：对应女生节、妇女节，做出相关话题和抽奖活动。

七夕：对应 2 月 14 的情人节做相似的话题即可，适当加入中国元素。

9 月

1 日：开学；3 日：中国抗日战争胜利纪念日；9 日：毛泽东逝世周年日；10 日：教师节。

开学：可发起"新生小鲜肉""学长与学妹""学姐与

学弟""校园青春怀旧""军训"等相关话题。

教师节：对老师的感恩祝福；盘点那些年老师最常挂在嘴边的金句，如"再耽误大家 2 分钟的时间""这是道送分题啊，同学们""你们是我带过的最差的一届"等。

10 月

1 日：国庆节；中秋节；重阳节；31 日：万圣节前夜。

国庆节：国庆出游或者宅在家、堵车、人山人海、国庆阅兵等话题。

中秋节：可发起思念、归家、团圆、赏月、晒月饼、晒月亮等为话题，也可在微博发起"送月饼"等相关抽奖活动。

重阳节：登高望远、重阳节诗句等话题。

万圣节前夜：惊悚、搞怪、万圣节妆容等相关话题。

11 月

11 日："双十一"购物狂欢节、光棍节；感恩节。

双十一："双十一"剁手、吃土、"双十一"购物时的吐槽，比如吐槽优惠券、网络卡等为话题；也可以以"单身"为出发点，打造段子和表情包等。

感恩节：向家人、朋友表达谢意的话题；发起微博抽奖，感谢粉丝一直以来的支持。

12 月

12 日：电商"双十二"；13 日：南京大屠杀周年纪念；冬至；24 日：平安夜，25 日：圣诞节；31 日：跨年。

双十二："双十二"是"双十一"之后的另一个购物狂欢日，不过大家在"双十一"时该买的都买了，"双十二"的规模和热情下降不少。不过还是可以追的，相对于平时来讲，"双十二"流量还是很大的。

南京大屠杀周年祭：缅怀南京大屠杀死难者，勿忘国耻。

冬至：可以发起南北方冬至不同习俗的话题，也可以发起"吃饺子还是吃汤圆"的投票。

平安夜、圣诞节：从圣诞树、圣诞老人、长筒袜、圣诞帽、圣诞大狂欢等角度发起话题和微博抽奖，都是比较合适的。

跨年：可参考元旦的话题。

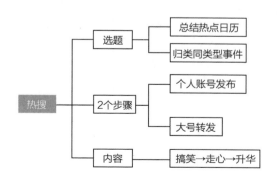

爆款内容的底层逻辑

从零开始做内容

第 3 章

微信

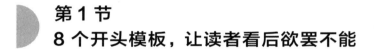

第 1 节
8 个开头模板，让读者看后欲罢不能

好的开始是成功的一半，写文章也是如此，有一个好的文章开头，可以说这篇文章就成功了一半。

打开一篇文章，如果开头前三句话无法吸引读者继续阅读，大概率读者就不继续往下看了，那你后面写得再好也是无用功。因此，好文章的开头是必须花心思去经营的。

在我的过往经验中，存在两种常见的文章开头的问题：

一个问题是"自嗨"，作者自说自话，自以为很满意，但没有从用户角度出发，抓不住用户关心的点，用户自然不会继续读下去。

另一个问题是，作者清楚文章开头很重要，但无从下手，迟迟下不了笔。

本节总结了 8 个模板供大家套用，帮助大家用最少的时间写出令人欲罢不能的文章开头，分别是问句式、对话式、点名式、自我剖析式、回扣标题式、名句式、用户留言式、时事热点式。

开头模板 1：问句式

问句式就是通过向读者提出问题的方式，激发读者的思考和好奇心，吸引读者往下看文章给出的回答，是一种非常常见的开头方式。问句式包括 3 种形式，分别是疑问、反问和设问，只要是用了其中一种形式的开头，都可以算是问句式。

我经常看的原创电影微信公众号"毒 Sir 电影"就非常喜欢用问句式的开头。

比如《2020 年的地狱模式，它的记录我打满分》就是运用了问句式中的设问做开头：

2020 年的地狱开局，猝不及防的生活停摆。

还能好好活下去吗？

或许，它能提醒我们，糟糕没有底线，但生命必须怀揣希望。

这篇文章虽然是在推荐电影，但是也给出了对生活的深刻思考，这个思考不仅体现在这部电影里，也在文案开头的设问句里给出了答案："还能好好活下去吗？或许，它能提醒我们，糟糕没有底线，但生命必须怀揣希望。"

2020 年开年，整个世界都面临着灾难和恐慌，澳大利亚山火、新冠肺炎疫情……人类似乎在和平的环境中待得太久太安逸了，突然面临这么多生死别离，迷茫而不知所措，"毒 Sir 电影"在文章开头的设问句中给出了不同于大众的见解，认为生活再糟糕，都要"怀揣希望"。这样与众不同的观点就能吸引读者继续读下去，看看作者要如何把一个与主流观点不同的观点说清楚。

《今年最期待的硬盘"禁片"来了》这篇文章也是采取了设问式开头，是这么写的：

什么是最恐怖的恐怖片？

有人说是不敢直视血流肉烂。

有人说是不期而遇的鬼影重重。

还有人说，是无处不在的黑暗和压抑。

但 Sir 以为——

以上都还在套路范围。

今天 Sir 要说的它——

……

它最恐怖的地方恰恰就在于：

看的时候，你感觉不到是在看一部恐怖片。

作者先提出问题问读者，"什么是最恐怖的恐怖片？"再给出几个大多数人会回答的答案："血流肉烂""鬼影重重""压抑"，最后给出一个出人意料的答案，"看的时候，你感觉不到是在看一部恐怖片。"不像恐怖片的恐怖片，打破了人们对恐怖片的思维定式，顿时让人想继续看下去，想了解这是一部什么样的恐怖片。

"毒 Sir 电影"的文章《9.5，凉掉所有热搜的年度神剧》推荐的是热播的台剧《我们与恶的距离》，文章开头其先引用了热点——北大学生吴谢宇弑母案，然后以反问的形式开头：

在恶发生，乃至审判之后。

我们到底还要不要去向恶叩问一个"为什么"？

如果要，又该如何叩问？

想到这些并非偶然。

而是一部剧正好和我们的现实呼应——

后面自然而然地引出了要推荐的影视作品，过渡非常自然，因为大多数读者都了解轰动一时的吴谢宇弑母案，再加上作者的反问，文章要讨论的中心——"向恶叩问一个为什么"在一开始就点出来了。

从《9.5，凉掉所有热搜的年度神剧》这个例子中我们也会发现，运用"问句式"方法时，并不是说所有的问句都必须放在最前面当作开头。在使用这种方法的时候，我们要特别注意的是以下三个要点：

第一，制造悬念，引起读者注意和思考。

第二，加强情感，引发读者共鸣。

第三，从文章的结构来说，要承上启下，即承接标题，开启下文。

开头模板 2：对话式

对话式的开头就是将与文章情节相关的人物的对话放在文章开头。

运用这个方法时，需要注意选取能引起读者兴趣的对话，而不能是随意的一个对话，或者对后面情节没有重大影响的对话，这样的对话是无法达到引着读者往下看的目的的。

因此，对话式开头要做到对话简短、精炼、抓人，勾着读者往下读。

这样的开头很多大号也在使用，比如《我能想到最性感的画面，就是你跪键盘的样子》是这样写的：

"四川好可怕"。

前几天，刷朋友圈，看到一个工作中认识的人，发了这样一条朋友圈。

开头的一句，"四川好可怕"是不是会引发你一连串的疑惑：这句话是谁说的？为什么说四川好可怕？如果你是个四川人，是不是要破口大骂：凭什么说四川好可怕？

这就是对话式开头的魅力，让你情不自禁地跟着作者的思路往下走。通过把文中亮眼的、有爆点的信息以对话的形式提前写出来，来制造悬念，抓住读者眼球，引发读者的好奇，是一种很好用的开头方式，屡试不爽。

对话式开头在现代小说中被广泛运用，尤其是写故事类的文案时可以借鉴这个写法。

在鲁迅的许多文章中都能找到这样的开头，外国文学中如狄德罗的哲理小说《宿命论者雅克》、弗吉尼亚·伍尔夫的《达洛维夫人》《到灯塔去》也采用了对话式的开头，下面的内容就来自于弗吉尼亚·伍尔夫的《到灯塔去》：

"当然可以，如果明天天气好，"拉姆齐夫人说，"但你得一大早就起床。"她紧接着说。

"可是，"他的父亲在客厅窗前停住脚说，"明天不会晴。"

"可没准儿会晴呢——我希望是晴天。"拉姆齐夫人不耐烦地说，稍微扭了扭正在织的红棕色长筒袜。

"正西风。"无神论者坦斯利说。

"胡说。"拉姆齐夫人郑重其事地说。

……

"明天上不了灯塔。"

这个开头用了一长串小说中人物的对话，最后引到"灯塔"这个小说主题。没有直接告诉读者前因后果，而是用对话铺展开，读者失去了上帝视角，不知事件是如何发生的，因此兴致更浓，想随着情节发展去一探究竟，不自觉就往下读了。

用文章中关键人物的对话作为开头，读者乍看之下云里雾里，随着情节推进，迷雾解开，豁然开朗，也会不禁赞叹开头的精妙。

开头模板 3：点名式

与上一个模板"对话式"是故事主人公在"交流"不同，第 3 个模板的"点名式"是指作者和读者之间的互动。通过"点名式"的开头，读者在读文章时就仿佛和作者是多年好友在促膝长谈，距离一下子就拉近了许多，自然而然，作者想要传递的"情"也更容易让读者动容。

点名式开头的关键在于多用"你""大家"这样的字眼。

比如"未读"的一篇荐书文章《能治愈一段悲伤的，往往是另一段悲伤》，它是这么开头的：

你有没有爱过一个人？

用上你全部的情绪和心意，不管发生什么都甘之如饴。

你有没有失去过一个人？

可能是生离，也可能是死别。

这个开头没有过多华丽的辞藻，就是简简单单地和读者交流，就像两个朋友在那里谈心事，朋友问你"你有没有爱过一个人？""你有没有失去过一个人？"，就这样，自然而然地展开了下文。

"KnowYourself"的《"渣"的本质是什么？》这篇文章，属于"KY小姐姐的小闲话系列"，既然是"闲话系列"，那么语言风格自然就是像和读者在闲话家常一样，它的开头是这样的：

前段时间我们为大家科普了……

很多用户都对多元文化的探讨表现出了浓厚的兴趣，但仍有一些用户表示不解……

今天，我想和大家再聊一聊这个问题……

三句话都不离"大家""用户",非常积极地和读者沟通,试图营造出"小姐姐们闲聊"的感觉。开头就反映了读者的诉求,话匣子自然而然地打开,读者便会顺着这个思路继续读下去了。

点名式开头就是为了拉近和读者的距离,营造好友闲聊的轻松氛围,使传情达意、传递观点、传播知识更容易被接受,而多用"你""大家"是写好点名式开头的秘诀。

开头模板 4:自我剖析式

自我剖析式就是指作者从第一人称的视角出发,向读者介绍自己"是什么样的""做过什么""想要做什么""在做什么"等。自我剖析式的开头能将读者拉进故事主人公的"次元",让读者身临其境地"听"故事,"看"故事,也能更好感知故事主人公的情绪,作者要表达的情绪自然也就传递给读者了。

这么说有点抽象,看个例子就可以理解了。"子鱼ziyu"的《被爱过》就是这么开头的:

我是一个被人狠狠爱过的孩子,从小到大,全方位,无死角,直到如今。

文章开头就以第一人称"我"坦白"我"被爱着,而且是被"狠狠爱过",就像与读者面对面交流,一下子拉近了与读者的距离。作者说自己"被人狠狠爱过",这和现在许多人表现出的"缺爱"现象格格不入,因此"被爱"这件事反而显得稀缺而特别了,读者便有了看下去的欲望,想看看作者是不是真的"被爱",怎么"被爱"的,也想看看"被爱"是什么感觉。

要写好自我剖析式的开头,需要掌握两点技巧:

第一点,善于自黑、自嘲。

我之前看过一篇网络文章《女人赚钱的意义》,它的开头是这样写的:

在我前三十年的人生中,一直保持着诸多陋习。

作者上来就说自己有"诸多陋习",在猎奇心的驱使下读者会情不自禁读下去,去找答案,"她的陋习是什么""为什么她有这么多陋习"……

通过这种自黑、自嘲的方式,让大家觉得,嘿,这个人有意思。

第二点,你做的事情很特别。

比如之前"视觉志"转载过一篇文章,《我25岁就把自己杀了,只是到75岁才入土》,它的开头就用了自述式的描写,是这么写的:

2016 年，我 30 岁。未婚，无房，无存款。这些都不重要了。我只是不想这么快就死去。

一连串的名词："未婚""无房""无存款"与 30 岁这个年龄联系起来，肯定会让一些读者感到焦虑，后面又接一句"我只是不想这么快就死去"，读者就更焦虑了，甚至产生疑问：为什么会死？通过你做的特别的事，引起读者的注意力和好奇心，让他按照你设定的路线一步一步阅读下去。

"自我剖析式"就是作者的自我坦白，在文章开头的地方就把自己呈现给读者。要让读者有想阅读下去的兴趣，就要让你的自我剖析显得与世俗格格不入，要做到这点，"自黑、自嘲""做特别的事"都是掌握"自我剖析式"开头很好的技巧。

开头模板 5：回扣标题式

回扣标题式就是指文章开头的写作要呼应文章标题，搞定这个模板的方法就是在文章开头紧扣标题的关键字和关键词。

"GQ 报道"的《幸存者李佳琦：一个人变成算法，又想变回人》的开头就是用了这个方式，呼应了标题，也进一步阐释了标题：

> 这是一个有关算法和人的故事，"一个人，变成算法，现在又想回到人。"当李佳琦已经站在注意力的巅峰，他也在困惑，自己到底将成为谁。

读者看标题"一个人变成算法，又想变回人"肯定没搞明白是怎么回事，文章开头进行了解释。紧扣住了"一个人"——站在注意力巅峰的李佳琦，而这个人"变成算法"，现在"他也在困惑，自己到底将成为谁"，这篇文章就要讲"有关算法和人的故事"。读者从一头雾水，到恍然大悟，原来文章要讲李佳琦在这个被程式化的"李佳琦"中找回作为人的"李佳琦"。

另一篇"GQ 实验室"的文章《1＋1＋1＋1＋1＋1＋1＋1＋1＝?》，标题让人疑惑不解，作者要表达的意思是什么？所以，这篇文章在开头就扣住了标题的关键词"1"：

> 鲍利斯·帕斯捷尔纳克说，"人不是活一辈子，不是活几年几月几天，而是活那么几个瞬间"。
>
> ……
>
> 真正让我们铭记这场战役的，是那些温暖＋1、感动＋1、责任＋1、力量＋1……的瞬间。

　　看完短短百来字的开头，读者就能明白作者的用意了，原来，作者要表达的 1 是指每个"瞬间"，这些 1 可能是"温暖"，是"感动"，是"责任"，这些瞬间等于什么，就是作者接下去要叙述的内容了。

　　文章开头紧扣标题的关键词，解答了读者在看了标题后的疑惑，试想，如果连标题都没理解，不知道这篇文章要讲哪个方面的内容，读者又怎么会愿意花时间去阅读它呢？呼应标题的内容，也让文章结构更加严谨。

开头模板 6：名句式

　　在学生时代写作文时，老师特别钟爱学生引用名言，因为名人说的话有权威，有公信力，这样文章的认可度就高。用"名句"作为文章开头目的也是如此，通过引用大家耳熟能详的名言名句，来提高读者对文章的认可度，要知道，读者不认可是不会继续往下读的。

　　名句包括广为人知、被广泛认可的名人名言、经典对白、俗语等。运用"名句式"模板开头有两种方法，第一种是直接引用，第二种是解构名句，换言之就是改造名句。

　　"假装在纽约"的《我的愿望是，活过 30 岁》开头就引用了两句名句：

有两句话，常常会引起我们巨大的共鸣。

一句是《约翰·克利斯朵夫》里写的：

"大部分人在二三十岁就死去了，因为过了这个年龄，他们只是自己的影子，此后的余生只是在模仿自己中日复一日地度过。"

另一句是日本作家本间久雄的名言：

"很多人都是30岁就死了，80岁才埋葬。"

这篇文章开头引用了《约翰·克利斯朵夫》和本间久雄说的名言，表达了"大多数人在30岁就停滞不前了"这个观点。作者认为很多人将外界给自己贴的标签变成自我设限，不敢打破，一直待在舒适区，重复自己前30年的人生。

这个观点本来有点让人难以接受，毕竟没有人愿意承认自己在苟且，但用了两个名言做开头，那种天然的权威让人一时无法反驳，从而含蓄地引出了一个犀利的观点。耳熟能详的名言不会造成读者的陌生感，还提升了文章的文采，是一个比较容易掌握的开头模板。

除了直接引用，还可以解构名句。比如，托尔斯泰的《安娜·卡列尼娜》的第一句话就是"幸福的家庭都彼此相似，不幸的家庭却各有各的不幸"，这句话广为流传。我们可以仿照这个句子结构，写一句"美的人都彼此相似，丑的人却丑得千奇百怪"，句式结构非常眼熟，说的道理也是"不好的事情都各有各的悲哀"，只不过原句说的是家庭，这里说的是长相。结构让人熟悉，而观点又让人耳目一新，读者读来会觉得作者构思精巧。

引用或解构名句作为开头，在提升文采的同时，也能借用名句自带的晕轮效应，让读者更认可你的观点。

开头模板 7：用户留言式

写文案的目的是有读者看，因此抓住读者的胃口是关键。每个人关注的东西都是与自己切身相关的，而用户留言式开头能促进读者与作者的互动，了解读者想看什么。读者投稿后也会期待自己的故事被作者演绎出来。"用户留言式"的开头就能很好地达到上述目的。

用户留言式开头就是在文章开头就表明"本文是来自某某读者""本文征集了读者的意见"，轻而易举地拉近读者与作者的距离，让文章更具"普适性"。

"视觉志"非常擅长用"用户留言式"的方式做开头。它的《朋友圈里最令人羡慕的五种人，有你吗?》就运用了"用户留言式"的开头：

前几天，我们做了一个有趣的征集，假如开启一场

"时间旅行"，来到 10 年后的某个时刻，你觉得那将会是怎样的生活？你会对未来说些什么？

从后台数千条留言中，我们发现大家对未来的生活都有很多期许。

……

文章一开头就表明文章中的各个事例都来自读者后台留言，那么留过言的读者一定想去找找自己的留言有没有上榜，有没有和自己经历相似的人；而正因为文章中的事例是从后台数千条留言中精挑细选出来的，这就意味着这些事例足够典型，足够引起绝大部分读者的共鸣。

"企鹅吃喝指南"的《90 后的三十年吃喝史》，在开头也表明了"本文征集了读者意见"的意思：

身边的第一批 90 后，似乎都花上好一阵才能假装坦然地面对自己马上三十岁的事实。

我们搜集了一些吃喝片段，想回顾第一批 90 后慢慢成长的三十年——好的坏的，浮夸的沉稳的，美味的乏味的，沉重的开心的……这些年倏忽而过，酸甜苦辣都尝一遍，突然发现：

……

作者通过搜集众多 90 后的"吃喝史"，将能代表广大

90 后的记忆的食物做了个大盘点，作为 90 后的一员，读者势必想看看"我"的吃喝史在不在其中，和我同龄的小伙伴的吃喝史是怎么样的。这样的开头，不仅能抓住读者的胃口，还能引发广泛讨论。

开头模板 8：时事热点式

麦基在《故事》中提到："社会态度是会变化的。作家必须拥有对这些动态时刻保持警觉的文化触角，否则，他写出的东西就有可能成为古董。"写文案更是如此，必须紧跟社会变化的步伐。时事热点式开头就能很好地做到这一点。

时事热点式开头是指引用热点事件、热点人物、热点话题、热门影视作品等来开篇。因为这些热点本身自带热度，受众很广，读者在看到自己感兴趣的热点作为开头后，会不自觉地"爱屋及乌"，想把文章读完。

"乌鸦电影"的《气到发抖！差点被打死的网红背后，藏了多少血淋淋的现实……》，就用仿妆网红宇芽被家暴的热点作为开头，来表达其对女性地位问题的关注：

> 昨天，是国际反家暴日。
>
> 然而，昨天的微博热搜第一，却直接挂上了一名被家

暴女性的自白视频。

仿妆网红宇芽拥有近百万的微博粉丝，本身就是一个有流量的网红，而家暴这件事爆出来后，更是占据了好几天的微博热搜，各种关于家暴的事件也随之被热议。在这个大背景下，你的文章开头用了大家热议的话题，读者自然想看看你要表达的观点。

再比如前面提到的"毒 Sir 电影"，其《9.5，凉掉所有热搜的年度神剧》这篇文章要推荐的是《我们与恶的距离》，这部剧里的第一个案件就是关于家庭给子女的压力太大，导致子女变成了杀人犯。

文章开头征引了当时引起广泛争议的吴谢宇案，一方面契合了推荐的电视剧，更重要的是吴谢宇案的代表性和讨论度极高，以它作为开头，读者自然想看看作者要推荐什么好剧，和现实如此契合了。

最近很"火"或者很有争议的人，以及影响很大的事件，再或者被热议的电视剧、电影、小说等，都是时事热点式开头模板的快捷选取对象。

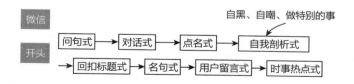

第 2 节
4 个结构模板，好文其实不需要 "多磨"

我发现身边很多刚接触新媒体写作的朋友，在选定题目后，写作时普遍存在两种情况：

一种是想到哪里写到哪里，写作没有规划，文章写出来后没有逻辑；

一种是让他说能说得天花乱坠，但真正去写的时候又不知从何下手。

实际上，很多爆款文章的成文并不会特别耗时，因为好文章的结构也是有套路可以遵循的。以下是我通过分析一些微信公众号的爆款文章，总结出的 4 种用得最多的文章框架模板，分别是 "1 个观点 + N 个事例" "总论点 + 分论点" "1 个观点 + N 个角度" 和 "1 个观点 + 同一个人的多个事迹"。这些模板都是经过多篇阅读量 10 万 + 文章检验过的，希望大家可以学到手，运用起来。

结构模板 1：1 个观点 +N 个事例

"1 个观点 +N 个事例"的方法就是，在我们选取一个具有爆款潜质的"核心观点"后，提出这个观点，并用多个不同事例去印证观点的正确性，即你选用的事例要为你的观点服务。

"拾遗"就经常用这个结构模板写作。其《世间所有的错过，都无须重逢》这篇文章的观点就是标题"世间所有的错过，都无须重逢"，文章用了 3 个不同的例子，论证了为什么"世间所有的错过，都无须重逢"。

第一个例子是，两个朋友，一个后悔没去当公务员，而去做了小学老师，一个后悔做了公务员，没去北漂。最后，每个人都在遗憾自己"所错过的"，殊不知，那个遗憾没去当公务员的老师，他的"错过"正是那位当了公务员的人现在的遗憾。一个人的遗憾是另一个人所厌恶的现状，第一个事例很好地论证了观点"世间所有的错过，都无须重逢"。

第二个例子是《茶蘼》的剧情。《茶蘼》的女主角面临着去上海发展还是留在台湾陪男朋友的抉择，A 面剧情是她去了上海，但女主角最后劈腿上司，B 面剧情是她留在台湾陪男朋友，生活失意，熬成黄脸婆。无论哪种选择，似乎都没有称心如意，既然所有选择都会有遗憾，那么错过的也无须懊悔，再一次论证了"世间所有的错过，都无须重逢"。

第三个例子是一个童话。池塘里的青蛙看见亮晶晶的凹地，向往极了，于是历尽艰辛跳过去，到了那个亮晶晶的凹地时，青蛙发现那个心驰神往的地方不过是条臭水沟。原来向往的地方也可能没有想象中的美好，甚至只是条臭水沟，那么错过便错过了又如何，又一次证明"世间所有的错过，都无须重逢"。

这里的 3 个例子都是为印证"世间所有的错过，都无须重逢"这个观点服务的，多个事例强化了观点的力度，论证有力，深入人心。

不同的例子，不同的选择，相同遗憾的结局，这似乎就是人生。最后作者得出结论，"我们总是在一种生活里，却又妄想着另一种生活，然后错过了现在的生活"，令人唏嘘。

"1 个观点 + N 个事例"的使用具体可以这么做：

第一部分，在开头或就在标题处引入主题和观点，选取的观点应尽量吸引人，有爆点。

第二部分，通过多个故事解释、分析这个观点，比如上面提到的《世间所有的错过，都无须重逢》中就用了三个故事，详细阐述了不同选择都会产生遗憾，因此"错过无须重逢"。

第三部分，结尾，升华文章。通过重述观点，再回到现实，给读者一个行动的召唤。

使用这个模板的关键在于选取的事例，选取的事例要能论证观点，还要具有一定的传播度，不能是太生僻的例子。

结构模板2：总论点＋分论点

"总论点＋分论点"的方法适用于你的观点足够吸引人的情况。

这里的"总论点"就是指一个总的、核心的论点，"分论点"是"总论点"延伸出的论点。这些"分论点"的存在是为了论证"总论点"的正确性的，是为"总论点"服务的，因此"分论点"不能背离"总论点"。

在运用"总论点＋分论点"的方法写作时，选取一个或多个事件来解释说明观点都是可以的。

"Spenser"的《30岁没做到管理层，这辈子就这样了》就运用了"总论点＋分论点"的结构模板。

这篇文章的"总论点"就是"30岁没做到管理层，并不一定这辈子就这样了"，与标题表达的意思相反。

在下文中，"Spenser" 又用了 3 个 "分论点" 来论证这个 "总论点"，分别是 "30 岁，或者 30 出头没做到管理层，本来就是件很正常的事""职级不是权威，专业才是""能在自己原生的条件下努力，实现超越自身环境的卓越，就是成功"。

通过这 3 个 "分论点"，"Spenser" 解释了为什么他认为 "30 岁没做到管理层，并不一定这辈子就这样了"。

第一个分论点认为，30 岁做不到管理层才是常态。不可能所有人都在 30 岁就会成为管理者，可能是 35 岁，可能是 40 岁，也可能是 50 岁。

第二个分论点认为，专业才是未来社会竞争的王道，不是成为管理者就意味着成功，有技能、够专业才能在未来的竞争中立稳脚跟，因此，追求 "30 岁就做到管理层" 本身就是伪命题。这个 "分论点" 从问题根源上抨击 "30 岁没做到管理层，这辈子就这样了" 这一观点，更进一步论证了 "总论点" 的正确性。

第三个分论点认为，超越自身才是成功的定义。每个人的起点不同，有的人就生在罗马，我们没有必要和他们比，那样只会造成无谓的焦虑。我们要做的是和自己竞赛，每天都比昨天的自己更好一点，每天都朝着做更好的自己

的目标前进，30 岁的你比 25 岁的你优秀，40 岁的你比 30
岁的你优秀，50 岁的你比 40 岁的你优秀，就足够了。因为
成功不是意味着"成为管理层"，而是成为更棒的自己。重
新给成功下了定义，完完全全驳斥了"30 岁没做到管理
层，这辈子就这样了"这个观点，同时也论证了自己的
观点。

这篇文章从各个角度深入分析了核心观点，逻辑性很
强，层层递进，有理有据，以理服人，读者即使不能完全
同意，也无力反驳。

总结一下"总论点 + 分论点"模板的用法：

首先，提出一个总论点，再围绕它提出分论点去论证
总论点；

其次，用事例阐释这些分论点，解释到位；

最后，在文章的结尾，可以试着辩证分析反常规的观
点，也就是你的"总论点"，使读者更容易接受，并对读者
的生活产生实际参考价值。

结构模板 3：1 个观点 +N 个角度

当你的写作素材比较丰富时，"1 个观点 +N 个角度"
的结构模板的写法就非常适用。

"新世相"经常做读者征集活动，因此可以搜集到很多

素材，如果你既想运用这个结构，又苦于缺少素材，不妨借鉴这个方法。

"新世相"做了读者征集活动的文章开头都会表明这篇文章是来自读者的意见，这也是运用了开头模板中"用户留言"的方式。可见本书里的多个模板可以组合使用，可能会取得 1 + 1 > 2 的效果。

"新世相"的《你就是仗着他爱你，才这么欺负他》的结构就是"1 个观点 + N 个角度"。

这篇文章的核心观点就是"我们理直气壮地不回家，是因为我们知道家就在那儿。只要你想，就永远能回头。"然后通过四个角度来阐明观点，分别是"那天你有点无助才开始想念他们的保护""他们看起来无所不能是因为他们的脆弱从没让你看见过""他们不了解你的生活只是用尽全力跟你保持联络""你早已习惯彼此的疏远却没抵住他们的关心"。

这四个角度回答了之所以"理直气壮不回家"，是因为自己无助的时候才会想起父母，是因为父母看起来很坚强，是因为父母会主动联系自己不需要自己过多经营，是因为我们习惯了疏远他们。这篇文章通过多个角度描绘了当代父母和子女关系的常态，全面而深刻。引用的事例都是读者的留言，真实的事例更能引发读者的强烈共鸣和内心深处的震动。

"锦鲤青年"的《辅导员真实生活图鉴：两眼一睁，忙到熄灯》也用了同样的结构。开头表明观点"虽然大学辅导员不是万能的，但他们都在锻炼自己走向万能的路上"。在论述这个观点时，文章从大学辅导员"加班""半夜被学生电话吵醒""没时间约会""学生时不时惹事""身兼数职"等角度，"吐槽"大学辅导员的"万能"。

"1个观点+N个角度"结构模板的具体操作如下：

大前提：素材足够丰富时可选用，素材搜集可以借鉴"读者征集活动"这类的活动。

写作时：从不同角度描绘你的观点，当然，也可以从不同的场景进行讲述。比如上述文章，就用辅导员在"半夜""假期""与其他人约会时"等场景，论述大学辅导员有多么"万能"。

结尾：将读者拉回到现实，或给予激励，或讲述在现实中我们可以怎么做，或者你也可以学"新世相"经常用的"写在最后"，写一些发人深省的金句。

结构模板4：1个观点+同一个人的多个事迹

如果要描写的人物的生平故事很丰富，有许多生平都可以反映核心观点，那么选取"1个观点+同一个人的多个事迹"的结构模板写作就非常合适。

运用这个模板，首先要先确定核心观点，明白自己要表达什么；然后再确定好描述对象，这个对象的生平应该是高度契合核心观点的，而且这个对象有多个事件可以反映、论证核心观点；最后，选定描述对象的几个生平故事，展开写作。

2019 年年末，高以翔永远地离开我们了，而且是以那么遗憾的方式，一时间在网上引起了轩然大波，除了对节目组的声讨，还有很多人缅怀那个温柔、善良、美好的人。

"人物"的《高以翔，愿自在高飞》就是用"1 个观点+同一个人的多个事迹"方式写作的典型代表。这篇文章开头给出核心观点"几乎从未有人像他这样，留给我们的，都是美好"，并围绕这个观点，用高以翔生平的 20 个故事来印证这个观点，比如：

妈妈喜欢叫他帮忙干家务，"因为最听话"。

高以翔从小受到的家庭教育是，要有礼貌，打扮举止得体，"做一个绅士"。即使他不在演艺圈，也会永远督促自己，"做一个更好的人"。

他的性子很慢……拍摄《遇见王沥川》时，有一天他没有吃早饭，焦俊艳递给他一个糖三角，咬了一口糖就漏出来，可直到糖基本全漏在衣服上，他才慢慢地对助手温柔地说了句："纸。"

他很喜欢小动物……拍《武神赵子龙》的时候，他饰演吕布，经常需要骑马，他会觉得非常抱歉，"我拖累了这些马"，会专门发微博感谢马，"今天辛苦你啦"。

粉丝们一直忘不了的一件事情是，今年8月，粉丝探班，因为下雨，需要签名的应援横幅湿了，高以翔想都没想直接用自己的外套来擦干横幅上的雨水再签名，然后一个一个给粉丝递鸡排，说，"不好意思等这么久，别客气哦。"

和朋友在一起时，他不太会直接表达自己的感情，会对朋友的"长篇表白"说一句"哦，上帝"。

对于高以翔的猝然离世，他的家人展现出了令人尊敬的体面和善良。高以翔是在录制综艺节目的过程中离世的，见到节目组后，高爸爸说，"不是你们的问题，你们也不愿意发生这种事"，听到粉丝喊"加油"，他含泪回答，"一定会的"。

……

20个关于高以翔的生平故事，从他从小听妈妈的话、家教、慢性子、喜爱小动物、对粉丝也不居高临下、对朋友的害羞和真诚、父母的为人等各方面着手，展现了一个鲜活的高以翔，也无不体现了高以翔"留给我们的，都是美好"这个观点。

通过高以翔生平丰富的事例，作者立体地展现了要描述的人物，角度多元，对核心观点的论证深刻有力，感人至深。

这篇文章中还隐藏着另一个经验，就是"抢热点"。当一个热点事件，或者一部热门电影出来以后，写主角的故事是抢热点最快、最有效的方法。

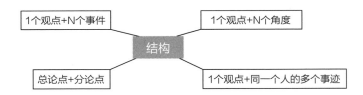

第 3 节
4 个结尾套路，读者想不转评赞都难

做内容的这几年中，我发现有的文章打开率特别高，但文末的点赞、评论和转发的量却远不如打开率，后来我总结出是文章结尾不够吸引人的原因。因为文章结尾不够好，因此无法刺激读者自行传播，导致文章受众局限，这样的文章想要"爆"就有难度了。

这就好比我们看晚会，为什么精彩的节目总是放在最后呢？因为精彩的节目给人们留下的印象更加深刻，甚至人们会因为最后的精彩节目而给予晚会更高的评价。

这其实就是诺贝尔奖得主丹尼尔·卡尼曼教授提出的峰终定律。峰终定律认为人们经历一件事后，"峰"（事件的高潮）和"终"（事件的结束）时的体验会给大脑留下深刻印象，而其他的细节往往会被遗忘。

　　写文章也是这样的道理，好的文章结尾就是峰终定律的"终"，写好这个"终"就能让你的文章更容易被记住、被传播、获得更高的评价，产生事半功倍的效果。

　　以下是我帮大家总结的 4 个结尾模板，分别是"概括式结尾""点名式结尾""名句式结尾""排比句式结尾"，这些模板不仅适用于写情感文，写干货类文章、广告语等也都是适用的。

结尾套路 1：概括式

　　概括式结尾是新媒体写作用得特别多的一种结尾方式，也非常好理解，就是在文章末尾将文章的中心思想做个概括、总结，这样讲可能比较抽象，可以看看以下几个例子。

　　"有趣青年"的《我曾经以为，广州和北上深一样》是这么结尾的，概括了广州这个一线城市为什么和北上深"不太一样"：

　　这是一个让生活在那儿的人为之骄傲的地方，也是一个能让去那儿的人有机会活得体面的地方。

　　文末概括了文章的中心思想：

　　一线城市都不太温暖，但广州可以。

再比如，"不会画出版社"的《别难过，我先走啦。》，概括了文章表达的面对亲友离世的态度：

我有一些朋友、重要的人过世时可能在另一个城市，在猝不及防之下，特别懊恼和后悔自己没能好好送送对方。

……

发现了吗，不管你做了多少心理准备，任何人的离开都是猝不及防的。

于是我也开始觉得，"好好送走对方"，"好好和对方道别"，应该是一系列漫长的动作。

……

所以，别那么内疚，你已经好好陪过他们了，也好好道别过了。

在用事例论证观点后，作者进行了概括总结，再次明确观点，因为"不管你做了多少心理准备，任何人的离开都是猝不及防的"，所以"我们无须内疚"。在结尾概括了文章的思想内核，自然加深了读者对文章观点的印象。

"视觉志"的《32 岁妈妈深夜猝死，与丈夫聊天画面曝光》，以漫画形式讲一个年轻妈妈在濒临死亡时的心理活动，这位年轻的母亲后悔只顾工作，没有爱惜身体，弥留之际，感到愧对爱人、孩子、父母……文章是这么结尾的：

如果生命到此为止，你是不是没有任何遗憾？

一眨眼工夫又到年底了，很多朋友感叹说："忙活一年好像也没赚到多少钱。"但如果今年你身体健健康康，这就是最好的一年。

……

你还有太多的美食没有品尝，你还有太多的美好没有体验。爱人还等着你和他（她）共度余生，孩子还等着你陪他（她）一起长大，父母还等着你平安健康地回家一起聊天……2020 年，我希望你爱惜身体。

趁一切都还来得及，不要再拿命赌明天。

文章在结尾概括了全文的核心思想，"身体健健康康，这就是最好的一年"，并用"趁一切都还来得及，不要再拿命赌明天"，呼吁读者爱惜身体，少熬夜，多陪家人。这个结尾就很好地总结了漫画的核心思想，并用排比句"你还有太多的美食没有品尝……父母还等着你平安健康地回家一起聊天"以温情感染读者内心，使情绪升华。

可以得出，使用"概括式"方法结尾时，应遵循以下3 个步骤：

首先，总结文章的核心观点，如文中的"身体健健康康，这就是最好的一年"；

然后，尽量使用金句，升华核心观点，触碰读者内心最深处，激发共鸣，如文末的排比句就很打动人心；

最后，以呼吁的形式，号召读者采取相应的行动，如文中的"趁一切都还来得及，不要再拿命赌明天"。

结尾套路2：点名式

点名式结尾方式通常是用在传递某种观念的文章中。和点名式开头用法一样，在运用点名式结尾时要多提及读者，多涉及读者的切身利益，这样在文章结尾处可以引发一轮读者的共鸣。

比如作者可以通过在文末点到读者的学习、工作、生活境遇，让读者在文章中看到自己，产生共鸣，自己思考可以从文章中得到什么价值，怎样提升自己，从而架起通向读者的桥梁。

2019年7月，垃圾分类是全民话题，"她总"的《垃圾男人分类图鉴》在女生的朋友圈中疯转，这篇文章结尾做了总结，也表达了作者对读者的祝愿：

……

其实，遇到了垃圾男人并不可怕，可怕的是没有及时止损。

"良禽择木而栖，士为知己而搏。"

一个聪明的女人应该清楚地知道什么样的男人值得相守，什么样的男人不值得留恋。

愿你三冬暖，春不寒；愿你一路上，有良人相伴。

"开头模板"那部分内容中提到的那篇《气到发抖！差点被打死的网红背后，藏了多少血淋淋的现实……》，结尾也运用了"点名式"的手法：

我希望，读到这篇文章的每一位读者，这辈子都不要遇到家暴。

但如果有一天不幸降临，也希望你坚强面对，勇敢发声，懂得用法律保护自己！

唯有不甘于沉默，大胆抗争，才有可能迎来光明。

这两篇文章都是关怀女性类的文章，结尾的地方都点到读者的切身利益。比如前者祝愿读者"一路上，有良人相伴"，说出来大多数女性的希望；后者通过"点名"读者，传达了作者的观点和对遭遇家暴女性的建议，希望读者都能够勇于反抗。

写点名式结尾的技巧和点名式开头的一样，都是要善于运用"你"这个称谓，就像这里的两个例子一样，用"你"加强读者的代入感，让读者看到这篇文章对他的价值，使文章所传递的观念巧妙关联到读者身上，更容易让读者产生共鸣。

结尾套路 3：名句式

名句既然可以用在开头，在结尾也是一样适用的。在文章结尾适当引用或者解构名人名言，通过这样一句发人深省的句子，能引发读者思考，给读者留下无限回味，让读者记忆更深刻。

心细的朋友一定注意到，上一个结尾模板中列举的《垃圾男人分类图鉴》，它的结尾不仅仅用了"点名式"，也运用了我们现在要讲的模板：名句式——"良禽择木而栖，士为知己而搏。"用这句名言深化了文章的思想内核，"渣男不要也罢"，因为"我"是"良禽"。这句话就足够引发读者深思了——是不是是时候把渣男丢到垃圾桶了？因为我是良禽，他配不上我啊……

再比如"兽楼处"的《兽爷丨一笑重逢二十年》，也用了同样方法做结尾：

2020 年来了。在这个以前想着就很科幻的年份，我依旧身心双穷，穿着旧秋裤不敢过新年。但最后，还是想用康德的话开始这一年，有三样东西有助于缓解焦虑：

睡眠、微笑和希望。

还有一句话出自《圣经》：

那美好的仗我已经打过了，当跑的路我已经跑尽了，所信的道我已经守住了。

新的一年，虽然生活还是不尽如人意，但作者仍在结尾表达了希望。但如果作者用自己的话表达这样的意思，好像说服力不够，那么便引用康德和《圣经》中的话，来表达对生活的希冀。一来提升了说服力，二来意境似乎更加高远，文章立意更加深刻了。

结尾套路 4：排比句式

中国人爱用排比句，因为排比句特别工整，如果 3 个或者 3 个以上形式一样的句子排在那里，气势绝对比单列一句来得强。在文章结尾恰当用上排比句，能够强化作者要表达的情绪和观点。

"阿何有话说"的《"人设崩塌"撒贝宁》的结尾就运用了"排比句式"的方法：

这世上有不少形形色色的男人。

……

但在撒贝宁身上，我却发现——

一个人真正的魅力，是幽默而不滑稽，是有趣而不低俗，是知世故而不世故，是有才而不显摆，是如春风拂面，自然妥帖，而又信手拈来。

　　他的一言一行，不炫耀，不卖弄，会克制，有分寸。

　　所谓男人最高级的性感，大抵便是如此吧。

　　《"人设崩塌"撒贝宁》通过多个事件描写不同角度下的撒贝宁，最终并用了"概括式"和"排比句式"的手法来得出结论。这个结尾既总结了全文，同时排比句来又能加强语气，让读者读后顿时同意作者观点，觉得撒贝宁确实是一个"最高级性感"的男人。

　　在运用排比句作为文章结尾时，要尽可能多地结合前面三个结尾模板。

　　要说将这个排比句式结尾和其他结尾模板结合运用得出神入化的文章，那就必须讲一讲这篇阅读量超过 1000 万的超级大爆款——"小声比比"的《我承认，我们是有组织攻击马蜂窝的》，该文使得作者梓泉一战成名，文章获 1.5 万人赞赏，涨粉数十万。

　　文章背景是"小声比比"写了《独家 | 估值 175 亿元的旅游独角兽，是一座僵尸和水军构成的鬼城?》，被马蜂窝指控"有组织攻击"并将之告上法庭。面对指控，"小声比比"写了这篇文章表明态度：

被水军骚扰的不厌其烦的你，

被软文欺骗、利用的愤怒的你，

对各种虚假、抄袭深恶痛绝的你，

请你关注这一场官司，

因为这一场官司，

要回答这样一个问题，

我们未来二十年，

到底是要活在水军、造假、抄袭中，

还是活在一个没那么繁荣，

但诚实能得到回报，

真话可以得到保护的世界？

"大圣，此去欲何？"

"踏南天，碎凌霄。"

"若一去不回？"

"便一去不回！"

前半段的结尾用了排比句式和点名式：

被水军骚扰的不厌其烦的你，

被软文欺骗、利用的愤怒的你，

对各种虚假、抄袭深恶痛绝的你，

这个结尾不断点名读者"你"，点名是为了使读者"你"自身处在这样的环境中，三个句子排比出现，不断加深语气，深化了这种厌恶的感觉。

　　后半段运用名句式的结尾模板，作者没有豪言壮语，就淡淡地引用了悟空临别时的对话，将自己比作《悟空传》里和命运抗争的悟空，悲壮感油然而生，更激起了读者对其的支持。

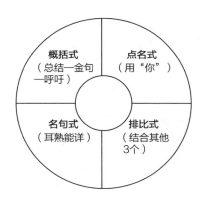

第 4 节
4 +3 +2 =引爆朋友圈的故事模板

评论家肯尼斯·伯克说，故事是人生必需的设备。仔细回想下，确实是这样。在我们日复一日的生活中，故事都在以各种形式传送着，阅读的小说、新闻里播报的事迹、源源不断的电视剧、上映的电影、演出的戏剧小品相声、小时候的睡前故事、长大后在酒吧里吹的牛……故事二十四小时不间断地存在于我们生活中，哪怕睡着了，我们也在和故事相伴——做梦。

故事贯穿我们的一生，甚至可以创造你的价值。除去作家、编剧这样传统"讲故事"的职业，歌手给听众唱的歌词是故事，商家给消费者讲的产品理念是故事，老板给员工讲的企业文化是故事，我们做内容的就更要会讲故事。

第一次看到史铁生的这句话时特别有感触——"历史

在发生时未被发现，在发现时已被重组"，我们讲的故事其实就是在"重组"，像剪辑师一样，把已发生过的历史剪辑、拼接起来，年薪百万的剪辑师能化腐朽为神奇，把平平淡淡的故事讲得生动有趣。

因此，"讲故事"是一回事，"讲好故事"又是另一回事了。知道故事的来龙去脉并不见得能把故事讲得吸引人，有的人自以为深谙"讲故事"的门道，最后把故事讲成了事故。殊不知，"讲好故事"也是有章可循的，下文就以"讲好故事"为目标，为大家拆解故事。我将这些模板归纳为："4+3+2"故事模板——4步搞定故事、3点完善故事、2招引爆故事。只要掌握了这几招，从"讲故事"升华成"讲好故事"就不难了。

4 步搞定故事

我本人不喜欢看那些大部头的长篇巨著，武侠小说、电影是我听别人讲故事的主要渠道。我相信大多数人和我以前一样，都是看故事情节如何跌宕起伏。但在我开始研究写作后，我试图跳出微观的细节，从更宏大的视角去寻找好故事在结构上的共性，果不其然，好故事的结构之间都是有共性的。

比如广受好评的《肖申克的救赎》，它的情节是怎么样的呢？我们可以这么概括：

　　主人公银行家安迪被诬陷入狱，想用上诉洗清罪名出狱，但遭遇监狱长的阻挠，因为安迪帮他偷税漏税并且干得特别好，最后安迪不甘心并成功越狱。

　　这短短几句话，是不是就把这部电影的主要情节都概括出来了呢？

　　这个故事结构，其实遵循的就是我总结的 4 步搞定故事模板：

　　（1）一句话。即交代故事的开头和结果。

　　（2）定冲突。就是给故事主人公"加戏"，使情节起波澜。没有情节的波澜起伏，就难以冲击读者内心，因此，"定冲突"对于"讲好故事"来说是灵魂般的存在。

　　（3）给理由。即给出理由，解释为什么冲突会发生。

　　（4）来组合。简言之就是将上述的几个部分重新进行排列组合。

　　我们用《肖申克的救赎》来分析一下。

　　一句话："主人公银行家安迪被诬陷入狱，最后他不甘心并成功越狱"。这里就讲了故事的起因（被诬陷入狱）和最终结果（成功越狱）。

　　定冲突："想用上诉洗清罪名出狱，但遭遇监狱长的阻挠"。这里来了个大冲突，因为本来安迪已经找到证人证明自己清白，只要能上诉，就可以恢复自由身，但反而是平时和自己交好的监狱长阻挠了自己出狱。这个冲突给这个故事情节造成大冲击，因为如果没有这个冲突，安迪顺利上诉出狱，也就没有最后基督山伯爵式的越狱传奇了。

给理由："因为安迪帮他偷税漏税并且干得特别好"。为什么平时安迪和监狱长关系不错，关键时候反而阻挠安迪上诉呢？后来电影给了理由，原来是因为安迪作为银行家，在做账方面是个好手，监狱长想让安迪永远为自己服务，为自己做假账，因此百般阻挠安迪上诉，还将人证转移到其他地方。

来组合：将上面的几个要素组合起来，最后形成故事框架。

我的这篇《曾帮我打架的兄弟，现在和我不再联系》里几个故事的叙述，也套用了这个模板。

一句话："我特别好的朋友差点和我断了联系"。一句话交代了整件事情，我的铁哥们强哥和我差点断了联系。

定冲突："强哥结婚我没去，强哥带媳妇儿来北京玩我没陪他"。好友结婚、好友来我的城市玩，我都未出现，这两件事一般都不会发生在两个挚友之间。

给理由："都是兄弟，他可以担待的"。给出上面冲突点的理由，因为我太忙了，因为我觉得是这么好的朋友，所以可以肆无忌惮，强哥会"担待"的。

来组合：将上面 3 步组合起来，就形成了这个故事的框架——强哥结婚我没去，强哥带媳妇儿来北京玩我没陪他，因为我觉得都是兄弟，他可以担待的，最后我特别好的朋友差点和我断了联系。

通过这四个步骤，可以快速打造一个故事的框架，接下来的步骤就是在框架中进行填充，使故事更生动。

3 点完善故事

"4 步搞定故事"是搞定了故事的大轮廓，只有轮廓美那只能是"背影杀手"，想要近看也美，就需要使故事情节更饱满，更吸引人，这就需要利用以下 3 点去完善故事：

（1）交代故事背景。

（2）补充核心信息。

（3）触发情绪爆点。

我 2017 年写的《当你越过"山丘"，看到的却是物是人非》，就大致套用了这个模板。

这篇文章是分了三部分来写的，第一部分就是在"交代故事背景"。这一部分讲了《山丘》这首歌第一次出现在我人生中——是因为我喜欢的女生喜欢李宗盛才去听的。

这里就交代了背景信息——《山丘》这首歌，但我年少无知，并没有听懂这首歌。

第二部分补充了核心信息——《山丘》里有一句歌词影响了我后来的人生歌词：嬉皮笑脸面对人生的难。这一部分写了父亲经历生意场上的失利后，在父亲送我上大学的路上，我听到《山丘》，红了眼眶，告别父亲时我第一次"嬉皮笑脸面对人生的难"。这里用了《山丘》的歌词，也暗合了我第三部分里写的，未来要"嬉皮笑脸面对人生的难"。

第三部分，通过前面两步的铺垫，我用我只身北漂、无人理解的经历，来触发读者的情绪点：

可是身边越来越多的人感觉我混得不错，自己过得比较节省，推了很多饭局，每次对方问为什么的时候，我就笑着说没钱，他们就说，老哥，你这破万元的工资还哭穷。

刚好耳机里响起了"越过山丘，才发现无人等候"，我崩溃大哭。不是因为工作有多委屈，有多辛苦，而是身边懂我的人越来越少。

"无人陪我坚持，无人和我奋斗，无人等我回家，无人为我煮饭，无人等我凯旋。"

无人理解的艰辛，恰逢《山丘》的歌词，两者同时爆发,触动的是我的神经,也打动了感同身受的人。

很多影视作品和小说的故事展开,也都是遵循这三个点的。

这三个点就像有了骨架后填充的肉体,使故事变得丰满、生动、有活力。从上面的例子也可以看出,这三个点中"触发情绪爆点"非常关键,用得好就是打动读者的利器。

2 招引爆故事

搞定了故事的大轮廓,也丰满了故事情节,使"背影杀手"变成近看也美的美女,要晋级成为艳惊四座的"大美人",就需要这两招去引爆故事:

(1)打乱顺序。

(2)场景演绎。

平铺直叙的写作方式,读者很好理解故事发生的顺序,但是没有什么亮点可言,索然无味,打乱顺序这一招解决的就是这个问题。"打乱顺序"就是运用"插叙"或者"倒叙"的叙事手法,将事件的时间、空间结构打破重组,同样的一个事情,就会被叙述得更加吸引人。

2020 年刷屏朋友圈、微博的电视剧《想见你》,就用了特别复杂的双向穿越的叙事手法,讲述两个时空下的两段爱情故事。这场双向穿越的奇遇中，每个事件都是牵一发而动全身的，因此烧脑又玄幻，特别吸引观众，好评如潮。试想如果只是单纯的穿越，然后开始上演穿越后的各种事情，没有时空的相互交叉，在现在穿越剧已经审美疲劳的市场下，就不太可能大爆了。

《盗梦空间》就将插叙运用得出神入化，梦境、现实的转换，最后到达分不清现实和梦境的境界。

《低俗小说》的叙述手法也是非常典型的"打乱顺序"，它不按时间顺序来展开故事，而是用了首尾循环中嵌套倒叙的手法。故事开始，洛杉矶黑帮、拳击手、神秘手提箱、意外走火及旅店抢劫等看似无关的事件同时展开，最后随着故事情节的发展交汇，颠覆了传统电影的线性时空观。

人类的大脑更喜欢视觉化的信息，而不是抽象的信息，这就需要第二招的场景演绎来解决。"场影演绎法"就是指当你在写某个场景的时候，要将自己代入那个场景里。比如你需要考虑：场景里人的性别是什么？他的性格是什么样的？他的性格会使他有什么反应？他的职业是什么？他的周围环境是什么样的？

我在写东西的时候，一般不会出现"我很开心""我很难过""我很焦虑"这种直白的表达情绪的词汇，而是会通过一些人物之外的场景描写来表现这些情绪。

比如要表现一个人犹犹豫豫，开不了口时，可以这么写：

他的对话框里的光标往后又向前移动了好几个回合，屏幕那头的女孩，看着一直显示的"正在输入"，最后，发来的却是"嗯嗯"。

再比如为了表现一个男生失恋了很难过，我会这样写：

衣柜里还残留着她上次乱喷的香水味，早餐总是习惯性多煎一个蛋，每次下班都不自觉地绕远路，"顺道路过"她的公司……

这几年的工作经验告诉我，做好一件事已经不容易了，要把一件事做得又快又好更不容易。我常说要做得比同行快 100 倍，那怎么才能快 100 倍？大家抓到同一个热点，你要构思 2 天才成稿，而你的同行掌握了故事模板，10 分钟就套好模板，2 个小时文章都发出来了，这就是快，而且是又快又好。

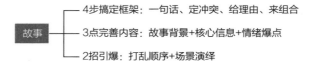

故事　4步搞定框架：一句话、定冲突、给理由、来组合
　　　3点完善内容：故事背景+核心信息+情绪爆点
　　　2招引爆：打乱顺序+场景演绎

第5节
7 个金句方法，为你的文章锦上添花

有些文案，我们看过一遍转头就忘了。而有些文案，第一眼就会让人拍案叫绝。这些令人印象深刻、过目不忘的文案就是"金句"。而这些金句能够瞬间让作品提高一个档次，提高作品成为爆款的概率。

如何在短时间内快速写出一个口口相传的金句？

就好比看完《流浪地球》，我们出了电影院，人家问你记住了什么，除了宏大的场景，绝大多数的人应该都会回答"道路千万条，安全第一条。行车不规范，亲人两行泪"；一提到《红玫瑰与白玫瑰》，没有人会想不到"也许每一个男子全都有过这样的两个女人，至少两个。娶了红玫瑰，久而久之，红的变成墙上的一抹蚊子血，白的还是'床前明月光'；娶了白玫瑰，白的便是衣服上沾的一粒饭

黏子，红的却是心口上一颗朱砂痣"这句话；尼采的"你凝望深渊时，深渊也在凝望着你"这句话，即使没看过他的《善恶的彼岸》，大家也能信手拈来……

这就是金句的魅力，能让人一下子记住，即使年代久远了，人们也不会将它遗忘。

无论是做新媒体还是做广告，或者做其他类似的产品，我们都希望我们做出来的东西能被记住，能被传播，被记住、被传播很大程度上取决于你做出来的东西有没有让人眼前一亮的地方，而"金句"就可以很好地做到这一点。

能让人眼前一亮的金句，至少要满足两个条件：

一个是形式上的，句子要么对称，要么工整，要么押韵……

另一个是内容上的，句子一定要反映一定的内涵，一定要能激发读者的共鸣，否则即使句子形式很优美，内容上空洞，言之无物，就像个好看的塑料花瓶，这也不会被用户接受，更不要谈被广泛传播了。

学好金句的写作，就是给文案锦上添花。那既然金句如此重要，有没有既快速又轻松地写出金句的方法呢？当然是有的，授之以鱼不如授之以渔，下文就将带着你学习写作金句的 7 个方法。这 7 个金句模板是我通过拆解成百上千个著名金句之后得出来的精华，经过了无数次实践的验证，只要熟练掌握，学会套用，1分钟便能写出一个朗朗上口的金句。

7个金句模板分别是"1221句式""1213句式""拆字法""搜词法""具象法""否定法""押韵法"。下面我给大家详细介绍。

金句模板1：1221句式

什么是1221句式呢？我们先来体会一下刘欣慈《三体》中的一个句子——"给岁月以文明，而不是给文明以岁月"。

这句话套用了帕斯卡的"给时光以生命，而不是给生命以时光"，是要表达应该在活着的时候尽情地活着，不要虚度光阴，而不是到将死之时，偷生续命，苟延残喘。

在《三体》的语境中，我们可以理解为对于走向衰败的文明，如果给它强行续命，延长它的"岁月"，只会使之变得丑陋不堪，变成文明继续向前发展的阻力。黄金时代的人类，为了延长自己文明的"岁月"，结果导致了社会大倒退，损失惨重，阻碍了人类社会的发展。直到人类想通了，科技才得以飞速发展，形成新的太阳系文明，这就是赋予了"岁月"以"文明"。

这个句子结构非常简洁，仅包含两个核心词，分别是

"岁月"和"文明"，在语序上前半句先"岁月"后"文明"，后半句是先"文明"后"岁月"。但前后半句的含义却大大不同，境界也天差地别。

1221句式就是这样类型的句子，两个核心词在前后两个半句中语序颠倒，含义也因此发生变化，甚至升华了句子表达的境界。像这样形式工整，内涵深刻，就是一个好的1221句式的金句。

要写出一个既有结构美感又有丰富内涵的1221句式的金句，我帮大家总结了4点原则，都是可以直接套用的。

1. 重新定义

"重新定义"就是我们在写句子时，一个事物原本大众对它的认知是A，现在我赋予它截然不同的含义B。通过这样的方法，你就可以轻松写出一个1221形式的句子了。

我们可以写出这样的句子，"哪有什么不看脸的一见钟情，一见钟情就是看脸"。

这个句子就给"一见钟情"赋予了新的含义。原来人们都觉得"一见钟情"是一种感觉，感觉对了，就爱上彼此了，所以"一见钟情"是一种说不清道不明的状态。现在，这个句子中将"一见钟情"重新定义为"看脸"，是对"颜值"的迷恋，才使我们"钟情"对方，才使我们念念不忘。言辞犀利，打破了原来人们既有的认知，但也不无它的道理。

再比如老革命家张闻天的一个句子，特别打动我，"生活的理想，就是为了理想的生活"，这里就是在重新定义"生活"。

"重新定义"的操作方法：先确定要描述的人或物或事，再将其类比成另外一个人或物或事，最后去重新定义。

2. 抓住从属关系

"从属"关系就是"谁"属于"谁"的问题。

我们写1221句式的时候，前半句中"A属于B"的从属关系是人们习以为常的，在后半句中将其颠倒后变成"B属于A"，违反人们正常认知中的从属关系，特别吸人眼球。当然，不可以为了夺人眼球去违反认知，要有一定的道理和依据。

工业化的进步曾经使人类自大到以为自己无所不能，但现如今自然对人类的报复不断显现，在这种背景下我们就可以写一句这样从属关系的1221句式——地球从来都不属于人类，而人类却永远属于地球。这句话打破了工业化以来人类的傲慢，写出了人类不但不是地球的主宰者，反而依存于地球的关系。

还可以写财富和那些守财奴的关系，比如，"财富从不属于葛兰台，但葛兰台属于财富"，刻画出葛兰台这个守财奴一生为财而死的悲剧……

使用"从属关系"方法的时候，具体操作可以是：先找到一个符合大多数人逻辑认知的观点，然后直接套用这个观点的句式，变换从属关系，便可以得出这样的一个金句。

3. 利用反义词

利用反义就是在"1"和"2"的位置上用含义相反的词或者短语组成金句。

例如，我们可以用"收获"和"错过"这两个含义相反的词，写一个这样的句子——"我以为等待可以收获爱情，没想到错过爱情恰恰因为等待。"

本以为能得到，没想到最后却失去，两个词义相反的词造成的巨大反差更好地表现了情感上的失落。

运用"反义词"方法写1221句式是有方法的：关键是先找到两个相互联系的词，比如有钱和自由、等待和爱情、爱情和面包等。而找到这些词最好的素材就来源于我们生活，我们经常会说，"等我有钱了我就去旅游"，"等我优秀了我再去追求×××"……这些都是很好的语料，平时多做积累，写句子时将这些有联系又有冲突的语料进行组合，运用逆向思维改编，很快就能写出有反义关系的 1221 句式了。

4. 变换主被动

变换主被动就是在 1221 结构的基础上，使前半句与后半句的主被动关系相反。

比如，提到贝多芬我们就会想到一句话，"扼住命运的咽喉"，我们可以用"变换主被动"的方法试着改写一下这个句子："不扼住命运的咽喉，就要被命运扼住咽喉"。

在这里"扼住"和"被扼住"两个词构成了主被动关系，不仅没破坏句子本意，而且加了后半句，说明"扼住命运的咽喉"迫在眉睫，否则就要"被命运扼住咽喉"。

林语堂老先生 80 多岁高龄时写出"人生在世，还不是有时笑笑人家，有时给人家笑笑"。这里的"笑人家"和"被人家笑"也是一对主被动关系，看似云淡风轻，实则是林老先生一生的感悟。

"变换主被动"的方法在写作时只要找出常见的主动和被动关系的搭配，变换动作的施加对象，就可以得出一句"变换主被动"的 1221 句式。

133

金句模板 2：1213 句式

1213 句式是金句的第二个模板，要如何理解这个句式呢？我们不妨先看看它长什么样："为你明灯三千，为你花开满城"。

我们试着分析一下这个句子的结构，这句话都有相同的部分——"为你"，分属上下两个半句，这就是我们句型模板中重复的"1"；上下半句里，又有"明灯三千"和"花开满城"两个不同的成分，就是我们这个句式中的"2"和"3"。具有这样形式的句子，就是 1213 的句型了。

要轻松写出 1213 句式的金句其实不难，以下两个思路可以使你更快速地写出一个 1213 句式的金句，分别是利用"核心词相反关系"和"核心词递进关系"来写作。

1. 核心词相反关系

运用"核心词相反关系"的方法去写 1213 句式的关键在于学会"找场景"。《故事》这本书里解释，"场景是在某一相对连续的时空中，通过冲突表现出来的一段动作，理想的场景即是一个故事事件"。确定要描述和表达情感的场景后，再运用含义相反的辞藻建构冲突，场景越动人，冲突越能出效果，越能打动人心。

我为《后来的我们》写宣传语的时候用的就是"核心词相反关系"的1213句式：后来的我们，为了谁四处迁徙，为了谁回到故里？后来的我们，有多少衣锦还乡，有多少放弃梦想？后来的我们，有多少跑赢了时光，有多少弄丢了对方？

因为不能事先看到电影，提供给我的只有那张电影海报，因此我就从海报的画面开始"找场景"。

海报上映入眼帘的是一男一女在候车厅互相依偎，这对情侣让我想到的是"彼此"和"对方"，选择了"对方"这个词后，为了押上韵，"时间"这个词就不太行，搜索一番后我又填上了"时光"这个词。海报的背景是人来人往的候车厅，这个场景明显表明大家要"回家"，但这个词不够好，于是我找了"家"的同义词"故里"。

我最后采用"1213"的句式，前一句的"1"是"为了谁"，后两句的"1"是"有多少"，最后利用"核心词相反"的技巧，"四处迁徙"对"回到故里"，"衣锦还乡"对"放弃梦想"，"跑赢了时光"对"弄丢了对方"，这个金句就很快完成了。

同时，写品牌文案时一定要注重品效结合。这个句子就加上了电影的名字"后来的我们"。如果一个金句火了，却没人知道它是从哪来的，那么爆款对于品牌的作用也就没那么大了。

2. 核心词递进关系

核心词递进就是指在 1213 句式中，"3" 位置的核心词比 "2" 位置的核心词含义上更深，更往前一步。这么说有点抽象，可以看看下面这两个金句：

"有的歌，听的是音符；有的歌，听的是情怀。"

这句话都有相同的部分——"有的歌"，分属上下两个半句；上半句中的"音符"和下半句中的"情怀"有明显的递进关系。"音符"是歌的表层载体，并不高级，而"情怀"是歌的灵魂所在，说明只有好歌才有情怀，才能传递高级的情感表达。

"别人这么努力是为了生活，我这么努力是为了生存。"

"生活"和"生存"这两个词，明显"生存"显得更艰难，更让人心酸。用核心词递进的方法突出"我"的处境比其他人更糟糕，连"生活"都不配，努力了也只能保证最基本的"活下去"的状态。这样一来，整个句子的情感表达就上升到了一个新的高度。

要运用"1213 句式"这个方法，需要先找到一个共同的关键词，然后抓住它在前后两个半句中存在的某种关系，可以是相反，也可以是递进。在相反的关系中，我们可以利用"找场景"的技巧，场景选择的关键在于场景带有冲突，理想的场景是一个故事事件。

金句模板3：拆字法

汉字博大精深，有些汉字拆开后的每个偏旁都象征着某样事物，都有其单独的含义。"拆字法"要做的工作就是，将汉字拆开，根据被拆开后的各部分的含义，进行排列组合，使其变成一句通顺的句子，同时这个句子要符合被拆解的原汉字的含义。

这么说有一点抽象，我们来看几个案例。

"孤独"这两个字拆开，有孩童，有瓜果，有走兽，有飞虫。我们可以写出，"所有的人间烟火，孩童走兽飞虫自然热闹，但都与你无关，这就是孤独。"试想，"稚儿擎瓜柳棚下，细犬逐蝶窄巷中。人间繁华多笑语，唯我空余两鬓风。"这是多么凄凉的场景，所有世间的繁华，热闹归他人，都与己无关，不是孤独又是什么呢？

再如"梦想"这两个字拆开，包含了三个木连成的森林，一个夕阳，一双眼睛和一颗心。根据拆出的各部分汉字的含义，我们将其排列组合，可以变成这样的一个句子，"哪怕夕阳落于森林中，再也找寻不到，少年不安分的目光依旧闪烁，赤诚的心依旧鲜活。"

　　这句话既将"梦想"二字的各个部分揉进句子，也没有破坏被拆解词语的原本含义，组成的句子表达了"梦想"的含义——年轻人对梦想的渴望，哪怕希望非常渺茫，也不惜奋力一搏。

　　之前看到吴青峰的专辑的藏头诗，也是非常精妙地运用了"拆字法"——"我摊开心中愁，你只见眼前秋。"

　　"愁"字由上面部分的"秋"和下面部分的"心"字组成，这里的"我"将愁绪摊开给"你"看，"你"却不解风情，只看到上半部分的"秋"，却看不到"我"的"心"，喜欢的人没看到自己的"心"意，那可不得"愁"吗？

　　不同含义的偏旁可以组合成字，形成新的含义。拆字法就是反向操作，将已经成型的汉字拆开，再组合成句子，用这个句子表达原来被拆解的汉字的含义。

　　因此，应用拆字法就需要对汉字结构足够敏感和熟悉，平时多观察多积累，时常练习，写出拆字法的金句也并非难事。

　　"拆字法"就是将汉字重新具象化，变成实物和场景。因此，我们在写文案的时候，不要只追求文字的优美，去深究文章的对仗、押韵这些细枝末节，你最应该追求的是文字的共鸣感和场景感，假如做不到共鸣感，你也应该先做好场景感。

金句模板 4：搜词法

分析搜词法之前，可以先看看下列的句子，寻找一下它们之间有什么规律：

"过了明天，就是天明。"

"去征服所有不服。"

"等你关心，等到我关上了心。"

仔细观察就会发现，上面列举的 3 个句子中，都有重复的字眼，第一句的"明"，第二句的"服"，以及第三句的"心"，这就是搜词法的核心所在了。

搜词法即搜索与关键词相关的词，可通过硬组合，将两个完全不相关的东西放一起或把相同领域的两个极端放在一起。将关键词和找到的词组合成一个有实际含义的句子，这样的金句，既押韵，含义又得到了升华，朗朗上口，容易被用户记住。

搜索同类词的工具，最常用的就是百度，此外我推荐一个叫"文案狗"的微信公众号，将你的核心词发给它的后台，其后台就会给你回复多个含有这个"字"的词语或成语。根据这些词语或成语与核心词的关系，你可以自由组合出金句。

金句模板 5：具象法

具象化，简言之，就是下定义，把原来抽象、摸不清、道不明的内容具体化，变成用户熟悉的内容。

比如这个句子，"爱情就是 6 个字，我和此刻的你。"

爱情，一个千百年来被书写到烂的题材，要想被人记住，就得不走寻常路，改变一下思路，化虚为实，给人带来一段鲜活的情感体验。

这句话一反常态，说爱情不是什么虚无缥缈的东西，爱情就是此时此刻"我"的情感体验，就是此时此刻和"你"在一起的体验。这就是爱情，具体到不能再具体了，但一点都不落俗套，反而清新脱俗。

古代著名的诗人想把爱情这种抽象的东西写好，也都很擅长用具象法。

在李商隐笔下，爱情就是"春蚕到死丝方尽，蜡炬成灰泪始干"，把爱情具体成"春蚕吐丝""蜡烛滴蜡"，都是至死方休的，从具体的事物入手，读者就更容易理解作者要表达的含义了。

在白居易笔下，刻骨铭心的爱情是"在天愿作比翼鸟，在地愿为连理枝"，把爱情具象化成天上比翼双飞的鸟儿，地下相连无法分割的根枝，从具体的事物着手，读者一下就懂得了白居易表达的爱情就是相伴一生、永不分离的爱情。

运用具象法写金句，就要把握住核心——写出的东西要有场景感。我们通过下面两个句子的对比，来体会一下，表达同一个意思，有场景感的句子是不是比没有场景感的句子来得更吸引人，更能给人留下深刻印象。

"越是不让发声，越要发声。"

"越是被别人捂住嘴，越要大声吼出来。"

前一句话描述的感受我们或许都有体会过，这样的文案我们每个人也都可以写出来。不过这句话虽有深意，但相对抽象，算不上金句，我们能够明白句子表达的意思，却不能产生情感共振。

后一句就不一样了。我们知道，"被别人捂住嘴"说明说话不被别人允许，自己是被暴力压迫的，被捂着嘴的感觉肯定是窒息和难过的。"大声吼出来"，则代表了反抗，表达了发声的勇敢和不屈从的倔强。

这就是有了画面感。我们的表达通过一个具体的"象"变得更容易被感知，我们所传达的东西也就更直击心灵。

因此，"具象法"的关键在于化抽象的概念为具体的场景、事物、动作等，使句子具有画面感。

金句模板 6：否定法

人们一般都喜欢半熟悉半不熟悉的内容。因为只有介于这种程度的内容才能既有打开读者兴趣点的基础，又能让他们感到惊讶，想要一探究竟。

举个例子，"我以为人是慢慢变老的，后来发现不是，人是一瞬间变老的。"

前面半句"人是慢慢变老的"符合大众对"变老"的普遍认知，后面又补了一句，"后来发现不是，人是一瞬间变老的"，否定了前半句普遍的看法，这下子读者的兴致就来了——人不应该是随着细胞老化，一点一点变老的吗？或者读者会产生疑问，是什么让作者改变看法，觉得"人是一瞬间变老的"？这样读者就会想继续看下去，看看你是怎么"圆"这个反常的论点的。

否定法的金句包括"完全否定"和"半否定"两种。

1. 完全否定

顾名思义，完全否定就是对一个人们习以为常的概念加以全盘的否定，建立自己新的理论体系。

人们常说时间可以抚平一切悲伤，但作家木心将这个含义完全否定，得出一句：

"有人说时间是最妙的疗伤药，此话没说对，反正时间不是药，但药藏在时间里。"

这句话完完全全否定了"时间可以抚平一切悲伤"这个概念，认为"时间并不是药"，反之，"药"还"藏在时间里"。

再比如：

大家都说婚姻是爱情的坟墓，但现在我觉得不是这样。婚姻不是爱情的坟墓，我们自己是爱情的坟墓。因为我们始终爱自己，胜过爱婚姻。

将"婚姻是爱情的坟墓"这个广为流传、被绝大多数人认可的观点全盘否定了，这句话的作者认为"爱情的坟墓"不是婚姻，而是"我们自己"，因为人人都是自私的，与"婚姻"无关。

2. 半否定

半否定，就是既要推翻半句人们的常识性的概念，但也保留半句常识性的概念。

比如海明威写过"'这世界是个好地方，值得为它奋斗。'我同意前半句"，就是典型的半否定句式。

"这世界是个好地方，值得为它奋斗"，符合主流的"生命不止，奋斗不息""为美好的每天奋斗"等观点，非常积极阳光向上。

但海明威的话讲了一半，来个180°的大转弯，他仅仅同意"前半句"——世界很美好，但他否定了后面半句，他不认同值得为这个世界去奋斗。

读到这里，读者肯定开始产生疑惑，为什么世界这么美好，作者也认同世界是美好的，但他却不认为值得为这个世界去奋斗呢？是什么让作者产生这样的想法呢？这样恰到好处的否定，带给读者无限思考，也刺激了读者一探究竟的心理。

两种否定法都是挑战"理所当然"，其给用户带来的是一种对常识的思考。不同的地方可能在于完全否定是彻底颠覆，而半否定是深度的延伸。

使用"否定法"写金句时，要注意选用被否定的句子的传播度，太小众的句子不容易有"理所当然"的感觉，自然也不容易激起读者的阅读兴趣。

金句模板7：押韵

押韵这个方法应该就很好理解了，小时候上语文课的时候老师也一定都说过，押韵押的就是一句话末尾那个字的韵母的音，前后两个半句如果韵母一样，就可以让句子读起来顺口、悦耳，便于传播。

说到押韵，就不得不提到央视"名嘴"朱广权，他凭借处处讲究押韵的播报风格，深受观众的喜爱，被称为央视主持界的"万词王"。

比如他回复观众"会不会放假"，换做一般主持人一定字正腔圆、一板一眼地回复，效果肯定不如他的回复这般让人记忆深刻——"地球不爆炸（zha），我们不放假（jia），宇宙不重启（qi），我们不休息（xi）"。这四句话，前面两句都以韵母"a"为韵脚，后面都以"i"为韵脚，读起来生动、有趣，观众一下子就记住了。

还有朱广权的这句天气预报也让人印象深刻，"如果你在被窝睡得正香（xiang），床以外的地方都是远方（fang），手够不到的地方都是他乡（xiang），上个厕所都是出差到遥远的边疆（jiang）"。这个金句有多厉害呢，四句话，一个韵脚，句子意思也不是东拼西凑的，读起来朗朗上口，一遍成诵。

2018年《创造101》中王菊的粉丝也靠押韵的"拉票"标语"出圈"了。比如"你不投（tou），我不投（tou），王菊何时能出头（tou）""你一票（piao），我一票（piao），王菊必须要出道（dao）""你团结（jie），我团结（jie），菊姐就能走花街（jie）"；"你努力（li），我努力

（li），菊姐就能出奇迹（ji）"……非常朗朗上口，令人捧腹，也达到了让更多人投票给"菊姐"的目的。

这样押韵的句子，其实生活中也非常常见。"小草在睡觉（jiao），请你勿打扰（rao）""你让我破碎（sui），我让你破费（fei）"等都是我们触手可及的押韵金句，也是我们写文案时可以加以利用的好方法。

掌握押韵技巧并非一蹴而就的，想要像主持人朱广权那样出口句句是押韵的金句，还须多积累，培养语感。对此，我强烈推荐大家阅读世界十大著名演讲，分别是丘吉尔的《我们将战斗到底》、林肯的《葛底斯堡演说》、马丁·路德·金的《我有一个梦想》、纳尔逊·曼德拉的《我是第一个被指控的人》、索琼娜·特鲁斯的《难道我不是个女人?》、威廉·里昂·菲尔普斯的《阅读的喜悦》、教皇乌尔班二世的《乌尔班二世的演说辞》、埃米林·潘克赫斯特的《自由或死亡》、伯里克利的《伯里克利葬礼演说》、约翰·肯尼迪的《肯尼迪就职演讲》，学习这些经典演讲的断句和节奏，对培养写文章的语感有很大裨益。

后面我会附上丘吉尔的《我们将战斗到底》和马丁·路德·金的《我有一个梦想》的原稿，仅供大家参阅。

本部分内容虽然是教大家学写金句，但我还希望能传递给大家"寻找不变的东西"这个理念。当今社会发展迅猛，每个人都在求新求变，但我们需要知道，这个世界上一些规律性的东西是不会变的。就像我们每写一篇文章，都是新的话题，但金句写作的套路是不变的，它就在那里，就看你去不去把它拾起来，会不会把它用起来了。

附：

我们将战斗到底

丘吉尔演讲稿

这次战役尽管我们失利，但我们决不投降，决不屈服，我们将战斗到底。

我们必须非常慎重，不要把这次援救说成是胜利。战争不是靠撤退赢得的。但是，在这次援救中却蕴藏着胜利，这一点应当注意到。这个胜利是空军获得的。归来的许许多多士兵未曾见到过我们空军的行动，他们看到的只是逃脱我们空军掩护性攻击的敌人轰炸机。他们低估了我们空军的成就。关于这件事，其理由就在这里。我一定要把这件事告诉你们。

这是英国和德国空军实力的一次重大考验。德国空军的目的是要使我们从海滩撤退成为不可能，并且要击沉所有密集在那里的数以千计的船只。除此之外，你们能想象出他们还有更大的目的吗？除此而外，从整个战争的目的来说，还有什么更大的军事重要性和军事意义呢？他们曾全力以赴，但他们终于被击退了；他们在执行他们的任务中遭到挫败。我们把陆军撤退了，他们付出的代价，四倍于他们给我们造成的损失……已经证明，我们所有的各种类型的飞机和我们所有的飞行人员比他们现在面临的敌人都要好。

当我们说在英伦三岛上空抵御来自海外的袭击将对我们更有好处时，我应当指出，我从这些事实里找到了一个可靠的论据，我们实际可行而又万无一失的办法就是根据这个论据想出来的。我对这些青年飞行员表示敬意。强大的法国陆军当时在几千辆装甲车的冲击下大部分溃退了。难道不可以说，文明事业本身将由数千飞行员的本领和忠诚来保护吗？

有人对我说，希特勒先生有一个入侵英伦三岛的计划，过去也时常有人这么盘算过。当拿破仑带着他的平底船和他的大军在罗涅驻扎一年之后，有人对他说："英国那边有厉害的杂草。"自从英国远征军归来后，这种杂草当然就更多了。

我们目前在英国本土拥有的兵力比我们在这次大战中或上次大战中任何时候的兵力不知道要强大多少倍，这一事实当然对抵抗入侵本土防御问题起有利作用。但不能这样继续下去。我们不能满足于打防御战，我们对我们的盟国负有义务，我们必须再重新组织，在英勇的总司令戈特勋爵指挥下发动英国远征军。这一切都在进行中，但是在这段时间，我们必须使我们本土上的防御达到这样一种高度的组织水平，即只需要极少数的人便可以有效地保障安全，同时又可发挥攻势活动最大的潜力。我们现在正进行这方面的部署。

这次战役尽管我们失利，但我们决不投降，决不屈服，我们将战斗到底，我们将在法国战斗，我们将在海洋上战斗，我们将充满信心在空中战斗！我们将不惜任何代价保卫本土，我们将在海滩上战斗！在敌人登陆地点作战！在田野和街头作战！在山区作战！我们任何时候都不会投降。即使我们这个岛屿或这个岛屿的大部分被敌人占领，并陷于饥饿之中，我们有英国舰队武装和保护的海外帝国也将继续战斗。

这次战役我军死伤战士达三万人，损失大炮近千门，海峡两岸的港口也都落入希特勒手中，德国将向我国或法国发动新的攻势，这已成为既定的事实。法兰西和比利时境内的战争，已成为千古憾事。法军的势力被削弱，比利时的军队被歼灭，相比较而言，我军的实力较为强大。现在已经是检验英德空军实力的时候了！撤退回国的士兵都认为，我们的空军未能发挥应有的作用，但是，要知道我们已经出动了所有的飞机，用尽了所有的飞行员，以寡敌众，绝非这一次！在今后的时间内，我们可能还会遭受更严重的损失，曾经让我们深信不疑的防线，大部分被突破，很多有价值的工矿都已经被敌人占领。从今后，我们要做好充分准备，准备承受更严重的困难。对于防御性战争，决不能认为已经定局！我们必须重建远征军，我们必须重建远征军，我们必须加强国防，必须减少国内的防卫兵力，增加海外的打击力量。在这次大战中，法兰西和不列颠将联合在一起，决不屈服，决不投降！

我有一个梦想

马丁·路德·金演讲稿

今天，我高兴地同大家一起，参加这次将成为我国历史上为了争取自由而举行的最伟大的示威集会。

100 年前，一位伟大的美国人——今天我们就站在他象征性的身影下——签署了《解放宣言》。这项重要法令的颁布，对于千百万灼烤于非正义残焰中的黑奴，犹如带来希望之光的硕大灯塔，恰似结束漫漫长夜禁锢的欢畅黎明。

然而，100 年后，黑人依然没有获得自由。100 年后，黑人依然悲惨地蹒跚于种族隔离和种族歧视的枷锁之下。100 年后，黑人依然生活在物质繁荣瀚海的贫困孤岛上。100 年后，黑人依然在美国社会中间向隅而泣，依然感到自己在国土家园中流离漂泊。所以，我们今天来到这里，要把这骇人听闻的情况公之于众。

从某种意义上说，我们来到国家的首都是为了兑现一张支票。我们共和国的缔造者在拟写宪法和独立宣言的辉煌篇章时，就签署了一张每一个美国人都能继承的期票。这张期票向所有人承诺——不论白人还是黑人——都享有不可让渡的生存权、自由权和追求幸福权。

然而，今天美国显然对她的有色公民拖欠着这张期票。美国没有承兑这笔神圣的债务，而是开始给黑人一张空头支票——一张盖着"资金不足"的印戳被退回的支票。但是，我们决不相信正义的银行会破产。我们决不相信这个国家巨大的机会宝库会资金不足。因此，我们来兑现这张支票。这张支票将给我们以宝贵的自由和正义的保障。

我们来到这块圣地还为了提醒美国：现在正是万分紧急的时刻。现在不是从容不迫悠然行事或服用渐进主义镇静剂的时候。现在是实现民主诺言的时候。现在是走出幽暗荒凉的种族隔离深谷，踏上种族平等的阳关大道的时候。现在是使我们国家走出种族不平等的流沙，踏上充满手足之情的磐石的时候。现在是使上帝所有孩子真正享有公正的时候。

忽视这一时刻的紧迫性，对于国家将会是致命的。自由平等的朗朗秋日不到来，黑人顺情合理哀怨的酷暑就不会过去。1963 年不是一个结束，而是一个开端。

如果国家依然我行我素，那些希望黑人只需出出气就会心满意足的人将大失所望。在黑人得到公民权之前，美国既不会安宁，也不会平静。反抗的旋风将继续震撼我们国家的基石，直至光辉灿烂的正义之日来临。

但是，对于站在通向正义之宫艰险门槛上的人们，有一些话我必须要说。在我们争取合法地位的过程中，切不要错误行事导致犯罪。我们切不要吞饮仇恨辛酸的苦酒，来解除对于自由的饥渴。

我们应该永远得体地、纪律严明地进行斗争。我们不能容许我们富有创造性的抗议沦为暴力行动。我们应该不断升华到用灵魂力量对付肉体力量的崇高境界。席卷黑人社会的新的奇迹般的战斗精神，不应导致我们对所有白人的不信任——因为许多白人兄弟已经认识到：他们的命运同我们的命运紧密相连，他们的自由同我们的自由休戚相关。他们今天来到这里参加集会就是明证。

我们不能单独行动。当我们行动时，我们必须保证勇往直前。我们不能后退。有人问热心民权运动的人："你们什么时候会感到满意？"只要黑人依然是不堪形容的警察暴行恐怖的牺牲品，我们就决不会满意。只要我们在旅途劳顿后，却被公路旁汽车游客旅社和城市旅馆拒之门外，我们就决不会满意。只要黑人的基本活动范围只限于从狭小的黑人居住区到较大的黑人居住区，我们就决不会满意。只要我们的孩子被"仅供白人"的牌子剥夺个性，损毁尊严，我们就决不会满意。只要密西西比州的黑人不能参加选举，纽约州的黑人认为他们与选举毫不相干，我们就决不会满意。不，不，我们不会满意，直至公正似水奔流，正义如泉喷涌。

我并非没有注意到你们有些人历尽艰难困苦来到这里。你们有些人刚刚走出狭小的牢房。有些人来自因追求自由而遭受迫害风暴袭击和警察暴虐狂飙摧残的地区。你们饱经风霜，历尽苦难。继续努力吧，要相信：无辜受苦终得拯救。回到密西西比去吧；回到亚拉巴马去吧；回到南卡罗来纳去吧；回到佐治亚去吧；回到路易斯安那去吧；回到我们北方城市中的贫民窟和黑人居住区去吧。要知道，这种情况能够而且将会改变。我们切不要在绝望的深渊里沉沦。

朋友们，今天我要对你们说，尽管眼下困难重重，但我依然怀有一个梦。这个梦深深植根于美国梦之中。

我梦想有一天，这个国家将会奋起，实现其立国信条的真谛："我们认为这些真理不言而喻：人人生而平等。"

我梦想有一天，在佐治亚州的红色山冈上，昔日奴隶的儿子能够同昔日奴隶主的儿子同席而坐，亲如手足。我梦想有一天，甚至连密西西比州——一个非正义和压迫的热浪逼人的荒漠之州，也会改造成为自由和公正的青青绿洲。

我梦想有一天，我的四个小女儿将生活在一个不是以皮肤的颜色，而是以品格的优劣作为评判标准的国家里。

我今天怀有一个梦。

我梦想有一天，亚拉巴马州会有所改变——尽管该州州长现在仍滔滔不绝地说什么要对联邦法令提出异议和拒绝执行——在那里，黑人儿童能够和白人儿童兄弟姐妹般地携手并行。

我今天怀有一个梦。

我梦想有一天，深谷弥合，高山夷平，歧路化坦途，曲径成通衢，上帝的光华再现，普天下生灵共谒。这是我们的希望。这是我将带回南方去的信念。有了这个信念，我们就能从绝望之山开采出希望之石。有了这个信念，我们就能把这个国家的嘈杂刺耳的争吵声，变为充满手足之情的悦耳交响曲。有了这个信念，我们就能一同工作，一同祈祷，一同斗争，一同入狱，一同维护自由，因为我们知道，我们终有一天会获得自由。

到了这一天，上帝的所有孩子都能以新的含义高唱这首歌：

我的祖国，可爱的自由之邦，我为您歌唱。这是我祖先终老的地方，这是早期移民自豪的地方，让自由之声，响彻每一座山冈。如果美国要成为伟大的国家，这一点必须实现。因此，让自由之声响彻新罕布什尔州的巍峨高峰！

让自由之声响彻纽约州的崇山峻岭！

让自由之声响彻宾夕法尼亚州的阿勒格尼高峰！

让自由之声响彻科罗拉多州冰雪皑皑的洛基山！

让自由之声响彻加利福尼亚州的婀娜群峰！

不，不仅如此；让自由之声响彻佐治亚州的石山！

让自由之声响彻田纳西州的望山！

让自由之声响彻密西西比州的一座座山峰，一个个土丘！

让自由之声响彻每一个山冈！

当我们让自由之声轰响，当我们让自由之声响彻每一个大村小庄，每一个州府城镇，我们就能加速这一天的到来。那时，上帝的所有孩子，黑人和白人，犹太教徒和非犹太教徒，耶稣教徒和天主教徒，将能携手同唱那首古老的黑人灵歌："终于自由了！终于自由了！感谢全能的上帝，我们终于自由了！"

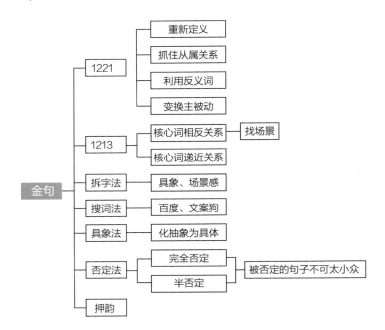

第 4 章

小红书

小红书是这两年兴起的一个生活方式分享平台，甚至越来越多的明星每天在小红书上面分享服饰搭配、美妆教程、旅游攻略、美食测评等。这些内容也给很多商家提供了机会。

　　比如说，我有很多朋友去旅游，首先会想到小红书，搜搜看当地有什么网红店，小红书的内容会给这些网红店引流；如果想要买护肤品，她们会先去小红书看看推荐和测评，小红书的内容会帮这些护肤品打造品牌；甚至他们有空的时候也会打开小红书，无意中看到博主的穿搭，很喜欢，就会很想买一套，小红书的内容会给这些服饰做转化。

　　这些用户的分享内容，在小红书上有一个特别的名字，叫"小红书笔记"。原本没有购买计划，但是被笔记吸引了，对产品产生兴趣的过程，我们叫作被"种草"了。

　　"种草"是小红书的一个特点，甚至有人会直接将小红书称为"种草社区"。种草，本身是不会直接转化成购买的，是无法追溯转化的，但是可以做曝光和引流。我们做小红书平台的意义，是让更多的个人用户知道我们的品牌，然后促使更多用户又帮我们生产笔记。

无论是做产品、做服务，还是做个人品牌影响力，都可以通过在小红书上分享内容，通过写笔记来达到曝光和引流的目的。这两年非常火的"完美日记"，其实就是靠小红书平台崛起的品牌，其通过大量的笔记，在小红书上分享产品使用体验和测评，从而将品牌打造了起来。在2018年的天猫99大促中，完美日记就已经实现了美妆行业销售额第一，远超美宝莲、欧莱雅等外资品牌。

我在2019年开始从事小红书的内容创作，当时摸索出来一套方法，我们团队用了一周的时间去实操，第二周就产出了第一篇爆款笔记。此后每周会有30多万点赞，每月会生产200~300篇爆款笔记。

如果一篇笔记能够让大量的用户看到，能给账号涨粉，还能种草产品，基本上就完成了小红书笔记的使命。

小红书平台这两年风头正劲，越来越多的用户和商家进驻，我们应该把握好这个机会。

本章会分享一下我的方法，教你如何把握好小红书平台，用爆款笔记给你的产品、服务或者个人品牌带来更多的曝光，打造更大的影响力。

第 1 节
定位要精准：我是谁，我能提供什么，我和别人有什么不一样

一、为什么要定位

特劳特在《定位》这本书中给"定位"下了一个定义：定位就是"如何让你在潜在用户的心智中与众不同。"所谓定位，即让你的产品和企业，或者让你个人与众不同，在市场上形成核心竞争力，对于受众来说，好的定位是鲜明地树立品牌和 IP 的开始。

在我看来，定位对用户而言，就是给他们一个关注你的理由；对你自己而言，就是你知道自己是谁，自己能做什么。

我们做小红书时要做的第一件事肯定是注册账号，这个账号就是我们在小红书上面的店铺，是吸引粉丝和潜在

用户的大本营。

很多人不重视账号的搭建，一般会出现两种情况。第一种，账号搭建得没有信任感，比如说名字是一串数字，个人简介是空白的，让人看了觉得账号不真实，所以决定不关注。第二种，账号内容杂乱，比如说有美妆的内容，又有电子产品的内容，用户没办法一眼看出这个账号能提供什么价值，所以决定不关注。

类似的问题还有很多，总的来说，这些都是小红书账号的"定位"问题。一个定位清晰的账号，是可以帮你快速涨粉的。我们做过试验，只是简单修改一下账号的名字和简介，涨粉量就会增长很多。

二、如何定位

核心是回答三个问题：

（1）我是谁？

（2）我能提供什么？

（3）我和别人有什么不一样？

具体如下：

1. 先发散，再聚焦

我平时出去讲课时，很多学员都会说吕老师你能不能帮我的账号想个定位，一般这种时候我都会这样回答：

第一，咱们接触的时间比较短，我对你确实不够了解，很难一下就给到你一个适合你，且一定会火的定位。

第二，我平时虽然会经常做账号的定位，但我很少一下就确定定位，一般我给账号进行定位的步骤是，先就擅长的点在平台上找到类似的爆款，然后在爆款的基础上进行优化，优化完发作品，看看哪个类型的作品会火，最终确定定位。

做定位时，一般是先发散，多发几类内容，测试后，然后聚焦生产一类内容。

为什么这么做呢，要记住，我们的感觉90%都是错的，要敬畏数据，敬畏用户。

2. 先模仿，再创新

这里讲的模仿不是抄袭，是在爆款的基础上写出更好的文章。找一个或者多个类似的账号，观察其发布的爆款，在其爆款的基础上，提炼出爆款内容的框架，然后进行二次加工。

这样更容易做出爆款，更容易得到正向反馈。等到你具备了爆款内容生产能力以后，就可以开始基于自己的兴趣、爱好、教育背景等自身因素和用户评论来找到自己独树一帜的地方,即自己和其他博主的差异化。

三、号设化运营

做完以上两点以后,需要做一件事就是号设化运营。

什么叫号设化?就是把账号的昵称、头像、简介,根据发布的垂类内容做出相应的修改。

为什么要号设化呢?因为我们之前曾经吃过一次大亏,我们运营的一个小红书账号有 30 多万的赞,但是只有不到 2000 的关注,转粉率不到 1%。

反而另外的一个账号"深夜歌单",转粉率居然接近 10%,那就意味着我们第一个账号 90% 的流量其实都浪费了。

如果没有号设化,用户只会种草你的某篇内容,对你的内容点赞、收藏,而不会关注你。

能让用户关注你,一定是因为你能持续提供某类内容。

1. 命名方式

(1)昵称 + 领域

比如账号"小岳岳的拍照魔法",大家一看就知道这个账号是教人如何拍照的。

（2）昵称 + 地域

比如账号"大宝姐在日本"，通过这种地域类的定位来快速告诉用户，如果你对日本好奇，对日本感兴趣，想来日本玩，那你就应该关注我，因为我就住在日本。

类似的账号还有"佳霖姐在日本""丢丢在日本""韩国媳妇大璐璐""郭欧尼的韩国日常"等。

2. 简介要独特

（1）我很特别

介绍你和别的博主不一样的地方在哪里，你能给用户提供的最大价值是什么。

比如拥有 38 万粉丝的博主"小岳岳的拍照魔法"，她的简介是：分享简单拍照小技巧。这句话呼应昵称，其实就是告诉用户，别担心拍照难，关注我，我会教你用特别简单的方法拍出照片。

再比如拥有 22.3 万粉丝的"吃口红的 huihui"，她的简介是：无美颜无滤镜自然光，口红试色。

她的内容几乎都是涂口红上色的视频，这个简介的核心就是告诉大家，我发一些没有经过任何处理的视频，来告诉你不同颜色的口红涂到嘴上到底是什么颜色。

（2）我很厉害

介绍你在你这个领域做过最牛的事情。

比如博主李佳琦在简介里说：涂口红世界纪录保持者，战胜马云的口红一哥。

别人一看就知道，如果我买口红，我关注他肯定就没错了！因为他涂口红居然破了世界纪录，还战胜了大家都知道的马云。

这个适用于一些有背书的人，比如之前我有一个学员当过很多大牌的柜姐，我帮她写了一个定位是：8 年香奈儿柜姐，卖出超过 100 万支口红。

只有选定方向且做好号设化运营才能持续产生爆款，才能持续吸引关注，才能获得后续更大的曝光，才能在小红书这个平台上获得一席之地。

第 2 节
如何打造小红书爆款选题

核心一：先找词，再模仿

很多人认为模仿 = 抄袭，以前我也同意这个观点，尤其是看别人取得成功后，为了和别人不一样总要用不同的方法也达到同样的水平，走了很多弯路。但是在看完《模仿的技术》一书后我才知道，学会模仿其实是让我们站在巨人的肩膀上看世界，实现创新和突破。学会了模仿，就离做出爆款不远了。

根据你选定的定位，搜一下相关的关键词，比如你想成为一个时尚博主，那你就去搜一下"时尚"，点开"最热"，直接把时尚领域最热的 20 篇笔记全部放到一个文档中。你会发现这 20 篇中其实是有 3 篇是和影视相关的。

比如：

《聪明女人必看的 18 部扩展时尚眼界的纪录片》
《经典回顾，8 部时尚电影，提升衣品，悄悄变强大》
《9 部必看时尚电影，从内而外提高你的品位》

这就说明了一个道理：写这种时尚电影类的内容是比较容易火的，因为前 20 篇最火的内容中，居然有 3 篇都是写时尚电影的，那么你有什么理由不写呢？

而且细拆一下，这三个关于电影的笔记里面，有一些电影是重复的，比如《迪奥与我》《时尚先锋香奈儿》《C 小姐》等，这个时候，如果我们写笔记的话一定要把重复的电影都写进去，因为它们就是不变的爆款元素。

同时为了做出增量，做出差异化，你要学会看爆款笔记的留言区，寻找留言区高赞的内容。排名第一的《聪明女人必看的 18 部扩展时尚眼界的纪录片》里面有一个高赞留言是："居然没有《穿普拉达的女王》。"

于是，排名第二和第三的笔记都补上了这部电影，所以要贯彻"站在巨人的肩膀上看世界"的理念。抓住爆款不变的东西进行扩充优化，在爆款的高赞评论下方找增量。

高赞评论是一把利器，它告诉你已经火的爆款还有哪些内容没有满足受众，有哪些内容是受众关心的。

如果你想做别的领域，也同样可以这么操作。

核心二：必火选题模式

1. 聚合类选题

小红书核心的点是种草，大家会收藏一些有用的干货，方便自己以后有需要的时候能找到，那么什么类型的内容更容易被选中呢？

答案是聚合类的干货。聚合类干货的特点是，知识点密度极高。

如果你是自我成长博主，则可以发布：你想靠××（某件事）赚钱，推荐这××（写个数字比如5）本书。这种类型的模板屡试不爽，因为大众普遍对赚钱的事情非常感兴趣。

如果你是职场博主，则可以发布办公室白领实用干货，比如：制作表格必备技能（内容一定要尽可能高频）——Excel 快捷键大全。

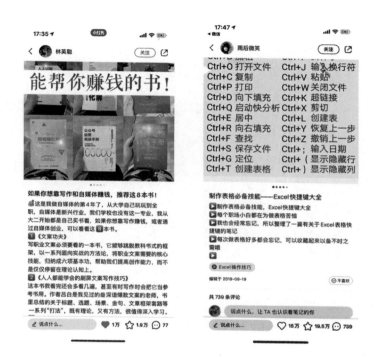

如果你是旅游博主，则可以发布：去××国家旅游，必备的××个 App。下面"kikiki"爱旅游这个账号是我们当时做的一个零粉丝的新号，就靠这篇文章狂涨3000多个粉丝，吸引的全都是想去日本旅游的精准粉丝，所以说价值非常高。

如果你是影视综合博主：则可以发布一些甜剧综合，也可以发布一些悬疑剧综合，效果都非常好。

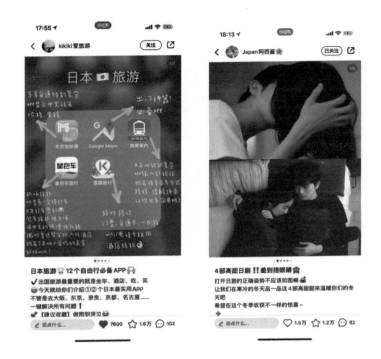

2.　同款类选题

　　一般同款指的是明星们在日常活动、节目、综艺或者热门影视片段中用的一些同款的东西（比如衣服、香水等）。

　　如果你是时尚博主，那么你可以做一些和明星相关的内容，比如平价潮牌。

　　如果你是旅游博主，那么你可以总结一些明星吃过的

美食或者去过的地方，比如"黄磊老师的同款拌面，好吃
到舔盘！"

如果你是数码博主，那么你可以做一些明星同款设备
的测评。

第 3 节
爆款笔记的创作

完成了小红书账号的定位之后，我们就可以开始爆款笔记的创作了。就像之前我说的，小红书笔记的使命是曝光、给账号涨粉，以及种草产品，但是在实际中，要做到大量曝光，一篇笔记是不够的，所以我们要有一套快速创作爆款笔记的方法模板。这样，才能更大范围地给我们的产品种草，提高我们账号的影响力。

首先我们来拆解一下小红书笔记的构成，主要是 3 个部分：封面图、标题，正文。

封面图是一篇笔记占据面积最大的内容，也是在首页推荐页里面用户第一眼会看到的内容，可以说，用户看不看你的笔记，封面图是很关键的因素。而标题决定了用户是否会点开你的笔记，在标题中设置吸引人的亮点，才有后面一系列的互动。正文的好坏，也是一个非常关键的因素，它决定了读者会不会给你点赞，会不会收藏你的笔记。而我们都知道，高点赞、高收藏和高评论的笔记，平台才会给更多的推荐流量。

我的爆款笔记模板，也是从这 3 个方面来设计的。

一、封面图

小红书的封面图是小红书笔记中一个很特殊的内容板块。

不像抖音一打开 App 就是单条视频的全屏模式，也不像微博是短文加图片的形式，你打开小红书 App，会发现图片占比非常大，而文字只能显示前面 20 个字左右。

在小红书的首页推荐页，封面图几乎抢占了用户的所有视线，同时，相对于文字信息，人的眼睛对色彩信息更为敏感。所以，做好封面图，是吸引更多用户从而做出爆款笔记的关键。

下面给大家介绍一下小红书封面图的类型，以及封面图的文字制作和搭配，让你可以快速上手，做出小红书爆款封面图。

小红书笔记的封面图主要有两种形式：单图和拼图。

1. 单图

单图的封面图，只展示一张图片，对图片的要求比较高，需要图片"颜值高"，给人一种看了就想点赞的感觉。

比如说在小红书上很火的"千与千寻的海上火车""瑞士的雪景"，以及一些非常精致的女生妆容，这些笔记都是找到好看的角度，用一张简单的照片做封面，点赞非常高。

如果你是自己有产品的，则可以从产品的设计、产品包装等角度出发，去摆拍一些简单好看的照片。如果你是做旅游行业的，则可以直接找一些很美的景点、很好看的房间设计等。如果你的颜值很高，正好从事的是美妆、健身行业，那你可以去尝试给自己拍一些好看的照片。

我们所选的封面图，必须是和内容相关的。比如说内容是"打卡明星同款美食店"，则封面图最好是明星本人吃饭的图片；如果是美妆类的，则可以放上明星本人较美的中景图。

总的来说，单图的封面图的关键是"颜值"，同时要注意的是，图片的选择要足够简洁，需要高清且没有水印，一定要突出"好看"。如果图片的亮度不够，则后期可以把亮度调高，这比较符合小红书平台的风格。

2. 拼图

单图的封面图强调简单好看，而"拼图"类型的封面图强调的是给人一种很丰富的感觉，很想点击进去看看其内容。

拼图类型的封面图，能够凸显"集合"和"对比"两种效果。在小红书上用拼图封面图最多的有：电影推荐集合、台词集合、零食口红香水推荐集合、穿搭展示、减肥效果对比。

在需要做产品效果对比的时候，比如说减肥前后对比、化妆前后对比，用拼图做封面图可以展示很强的反差，用户也想要实现这样的效果，因此可以吸引他们点进去看你的笔记。而在做集合推荐的时候，比如说电影推荐、口红集合推荐、穿搭推荐，用拼图就会给人一种内容非常丰富的感觉，只要拼图里面其中一张图吸引了读者，他们就会点进去看你的笔记。

3. 封面图的文字制作

无论是单图还是封面图，小红书上比较流行的做法是，封面图上有文字说明。封面图占据推荐页的面积非常大，封面图上不仅可以有图片的信息，还可以有文字的说明，而文字的说明又更加的直接。

这些文字的制作不需要 PS，很多手机软件就可以满足我们的需求。在制作之前，你可以先下载这几个 App：美图秀秀、InShot、VSCO、黄油相机、PicsArt。

如果需要处理标题、优化拼图效果、去水印，我们可以用美图秀秀，里面有免费的功能可以使用。如果你需要滤镜效果，VSCO、黄油相机这几个 App 的效果都不错，你可以看看哪个 App 的效果你更喜欢。如果你想做文字贴纸的话，黄油相机、美图秀秀、PicsArt（可做较复杂的图片编辑）都有这个功能。

说完了工具和素材，下面说说封面图文字制作的一个重点，封面图文字，其实也是文案。封面图需要体现尽量多的标题关键词。

这些关键词包括最近比较火的热点关键词、用户会搜索的关键词，这些关键词都要体现在标题上。有了这些关键词之后，还需要增加一些词语，吸引更多人点击，包括一定、必做、不得不、必知道、首次、事件、景点、禁忌、礼仪、文化、自由行、闺蜜行、情侣行、亲子游、学生党等，这些词需要你平时多看所在行业的爆款笔记，慢慢总结出来。

如果是单图的封面图，图片足够好看的话，你也可以不加文字说明。

4. 封面图和配图的搭配

做好单图和拼图的封面图，我们是为了让更多的读者点进去看我们的笔记，除了看我们笔记的正文，用户也想要看更多的配图，因此配图也是需要我们去设计的。

配图的设计有两个主要原则。

第一个原则是配图的风格和封面图的风格要一致，如果封面图是电影复古风格的，我们的配图也需要是一样的风格，不然会造成一种前后不一致突兀的感觉。

第二个原则是配图的内容和封面图的内容需要保持一致。有些情况下封面图是配图的集合，比如说封面图展示的是 10 支平价口红的合集推荐，那么我们在一一介绍这 10 支口红时，就需要将这 10 支口红的配图展示出来，并且要介绍它们的价格。用户是被封面图的内容吸引进来的，我们就需要满足读者对这些产品的好奇心。

二、标题

在小红书的推荐页，用户会看到一篇笔记的 4 个关键要素：封面图、标题、创作者、点赞数。创作者没办法改变，点赞数在写笔记的时候也没办法决定，所以我们要在封面图和标题上下工夫。写一个吸引人的标题，会增加读者点开你的笔记的机会。

如果你的封面图选择了单图的形式，没有文字贴纸说明，那用户在被你的图片吸引了之后，可以说是一定会看完标题再决定是不是值得花时间点开全文看你的笔记。如果你的封面图有文字说明，包含了热门的笔记关键词，那你就可以在标题的地方，再设置一些吸引人的点，吸引用户点开，相当于又多了一个地方增加你的笔记被打开的机会。

在做出了这么多的爆款笔记之后，我也总结了 6 种写标题的方法，大家可以参照使用。

1. 数字型标题

第一种标题是数字型标题。因为在小红书上，标题占据的地方非常小，读者是很容易一下就划过去的，又因为我们的大脑会优先识别数字，所以说，如果在文字中加入数字，就能增加你的标题的辨识度，更容易被看见。

数字型标题有很多不同的用法，有些数字型标题是突出效果的，比如说《挑战 14 天瘦 20 斤》《每天 5 分钟，10 天痘痘跑光光》；有些数字型标题是吸引人看"连续剧"的，比如说《维密女模特从不透露的健身秘密——腰腹核心（3）》。

上面这 3 种数字型标题总的来说有几种句型，你可以尝试把你的产品带入写几个标题：

《挑战……天达到……效果》

《每天××分钟/小时达到……效果》

《从……到……》

《……系列 + 数字》

2. 实用干货型标题

第二种标题是实用干货型标题。实用干货型标题的关键点是告诉读者你这里有破解方法，来吸引用户点开。这种类型的标题可以加入一些修饰的强调词，比如说"答应我""好喝到哭""你应该知道"，还可以使用感叹号"！"。

下面几个标题是小红书上非常火的笔记的实用干货型标题：

《答应我，下次去海边，一定要这样拍》

《一点点攻略！好喝到哭，我不允许你不知道这杯隐藏菜单》

《你应该知道的香水知识！！香水入门科普》

《9 个减肥操分享给大家，想瘦哪里就学哪里》

提炼出来，我们可以照着用的句式有：

《答应我，下次…… 一定要…… 》

《…… 攻略！……到哭，我不允许你不知道…… 》

《你应该知道的……!! …… 入门科普》

《…… 分享给大家，想……就学……》

写这种标题的时候一定要注意，你的选题一定要是较多人关注的、想要学习的干货知识。

3. 惊喜优惠型标题

第三种标题是惊喜优惠型标题。写这种标题的时候有一个秘诀和大家分享一下，在强调优惠之前，我们要先告诉用户产品人气旺、销量高、明星青睐等，然后再说优惠，营造稀缺感或惊喜感。这样会让优惠的感觉加倍。

比如说《明星们疯买的包包，居然只要 10 元钱》，我们先强调东西很抢手，然后再说现在只要 10 元钱，这样就不会让读者有一种这个产品很廉价的感觉，而是觉得自己捡到了便宜，想要马上了解，害怕错过了。

总结一下，惊喜优惠型标题的基本句式是：先告诉用户这个东西有多好，然后告诉其现在有多优惠。

4．冲突型标题

第四种标题是冲突型标题。冲突指的是，给用户营造一种"觉得不可能"的感觉，引起用户的好奇，点进去看你的笔记。戏剧化的核心，就是制造矛盾，制造冲突，制造反差。

比如说《每天都吃肉，结果我瘦了15斤》，一般来说都知道减肥要少吃肉，而这个笔记说不仅要吃肉，还瘦了15斤，会吸引到很多不想通过节食减肥的读者看这篇笔记。

想要写这种类型的标题，你可以想一下你的产品，有什么功能一般人是想象不到的，然后去制造反差。比如说健身，大家是不是都觉得，一定要流汗，一定要用健身器材，那你就可以尝试写：《不流汗无器械居家健身》。

你也可以用悬念来制造冲突，关键点是激发用户的好奇心，但不立即揭示答案。比如《跟风买这5件化妆品，你只会越来越丑！》，本来大家买化妆品就是想变美，但是标题上说"越来越丑"，这样的说法可以立刻让用户警惕起来，担心自己有没有中招，从而点开你的笔记一探究竟。

5. 对比型标题

第五种标题是对比型标题。对比型标题的关键点是通过参照物的对比，让用户有进一步了解的欲望。

比如说《生理期做好这 6 件事，比红糖水管用 1000 倍》这个标题，笔记需要推荐生理期好物，就和生理期女生常用的红糖水进行了对比。

写这种标题的关键是找到合适的参考物，参考物最好是大家常用的，容易联想到一起的，比如说上面的红糖水，大家就会经常和生理期联想到一起。

6. 对号入座型标题

第六种标题是对号入座型标题。意思是通过特定的标签和属性，圈定人群，让用户挪不开眼——这篇文章是专门写给他看的。

比如说《白羊座有哪些难以启齿的小怪癖?》这个标题，就是专门给白羊座的用户看的。

这个方法我们也叫"点名法"，你想吸引什么样的用户，就在标题上写上他的标签，像点名一样。比如说你想吸引穿大码女装的用户，标题里就可以选择"微胖""大号""大码"等的关键词。

三、正文

说完小红书的封面图和标题，我们下来进入笔记写作的最后一个部分，笔记的正文。如果说封面图和标题决定了用户会不会点开看全文，那正文就决定了用户会不会给你点赞，会不会和你互动。而我们都知道，点赞和互动多的笔记才能被平台推荐，获得更多的曝光，给更多人种草。

下面我就分别从笔记开头、中间、结尾三部分来和大家说说一篇多人点赞和收藏的笔记是怎么写出来的。

1. 开头部分

首先是开头部分，小红书笔记的开头部分的主要作用是强化标题信息，引导用户往下看，提醒读者一定要看完，一定要收藏。

开头部分的内容一定要和标题同步，可以重复标题的关键词，然后引入主题。比如说标题写的是泰国旅游攻略，那开头就可以写："去泰国旅行，看一篇攻略就够了。"比如说标题写的是去日本旅游，那开头可以写："去过太多次日本，只想感慨：在日本买东西太方便了！请看下面我的吐血整理。"

还有一种开头的写法是，建立自己与内容的关系，比如说"作为××品牌的忠实粉丝，一直很喜欢这个品牌所有的东西，为了省钱，所以我天天寻找有没有地方可以便宜地买到这些东西。"开头就是先说明自己是产品的使用者，会让用户觉得更有说服力。

除了重复标题的关键词，或者把内容和自己联系起来，还有一些小红书中用得很多的强调词，也可以加入开头，包括建议收藏、看这一篇就够了、良心整理、吐血整理、宝藏级、必拔草美食、良心推荐等，你可以多看看相关行业的爆款笔记，把这些词语摘抄下来。

2. 中间部分

小红书是种草平台，比较受欢迎的笔记大多数都是"推荐型"的笔记，这类笔记强调的是推荐内容的丰富性，因此正文部分的内容要让用户觉得收获很大。

常见的写法是按照顺序去推荐，同时要写上序号。逻辑要足够简单，只需要罗列推荐即可，在格式排列上分行分段。比如说推荐电影的笔记可以分段分点写每一部剧，用列数字的方式：

①××剧＋评分

简要介绍及推荐理由。

②××剧＋评分

简要介绍及推荐理由。

在语句表述上要多用短句，小红书笔记的内容比较生活化，用户不喜欢深奥难理解的知识。尽量口语化，语气要可爱一点，多用小表情。

另外，一定要记得在笔记中添加"爆款关键词"。多整理一些场景关键词、需求关键词、结果关键词，做好内容关键词的布局。这样系统推荐的用户更丰富、更多样化，流量也会更多。比如写 10 家韩国必吃烤肉，可以加上高性价比、韩国年轻人爱去、韩国本地人、最好吃等。大家写文章前，可以先去搜索一下相关主题热门内容的前 3 篇笔记中出现过的关键词，然后添加到你的正文中。

3. 结尾部分

小红书的结尾部分非常重要，是决定用户点赞数、收藏数、评论数和关注你的粉丝数的关键。点赞数、评论数越高的账号，笔记越容易被收藏，基础排名也就越高。下面我给大家总结了结尾一定要写的四个方面内容。

（1）第一个是"号召点赞和收藏"，有些时候用户很喜欢你的内容，但是会忘记点赞，所以我们需要去触发他。比如说你可以写："关注点赞哦""博主吐血整理，建议收藏一下，给博主鼓励继续分享其他内容""大家喜欢我推荐的物品吗？喜欢别忘记点赞加收藏哟"。

（2）第二个是"号召互动"，用一些比较合适的理由，去吸引用户在评论区和你互动。比如说你可以写："有什么其他推荐可以在评论区留言哦。""以上是我作为课代表扒出来的×××同款，要是漏掉了啥欢迎评论哟！""有购买计划的小可爱，可在评论区留言讨论哟。"

（3）第三个是@官方号，比如说@薯队长@日常薯@生活薯。还要打上话题标签，#视频、#搞笑电影、#爆笑视频、#必看综艺、#综艺、#奇葩说（根据当时热门综艺节目选择）。@官方号会增加你被官方推荐的概率，而打上话题标签标签会增加你的搜索量。

（4）第四个是吸引更多粉丝关注你。通过吸引用户看更多类似的内容，来让用户关注你。比如可以写：持续更新、可以看下篇文章、不定期推荐、以后我还会给大家推荐更多的好物。

好了，到这里，小红书笔记的写法和大家分享完了，最后有一些特别提醒。小红书是比较严格的，笔记内容中一定不要涉及违规事项，下面我总结了几个关键点：

（1）对于产品和品牌的推荐，非认证号很容易被限流。

（2）不要写踩坑、黑店选题，会出现很多违禁词。

（3）有关药品功效的词语都不能出现。

（4）和佛牌、宗教、寺庙相关的词语不能出现。

（5）引流二维码绝对不能放。

（6）对于小红书上出现过多的同款图和同款视频，尽量不要使用，否则会被判抄袭从而被限流。

（7）赞藏比太高，也就是说赞很多收藏很少，很大概率会被判定为刷量。

我们在完成一篇笔记后，一定要做的事情就是去检查。有时候我们的封面图、标题和正文都写得很好，但是没有流量，可能就是因为没有注意，内容中涉及了以上违规事项，那就功亏一篑了。

第 4 节
爆款笔记的种草

上文我们讲了小红书的定位，以及爆款笔记的打造，下面我想分享一下，怎么在小红书这个平台"种草"。也就是说，我们在做了很多爆款笔记之后，怎么样才能够让这些用户关注我们的产品，甚至想要购买我们的产品。

我先给你分享一下我当初从 0 开始做小红书爆款种草笔记的历程。当时我还没有做过小红书，公司给我的目标是，给品牌做爆款种草笔记（我们公司是一个旅游品牌）。

这个目标意味着，我需要做到 3 件事：某品牌 + 旅游类 + 爆款笔记。但是一开始就实现这个目标是很难的，100% 做不起来，因为广告很难火起来。当时我将思路拆成了 3 步：

第一步，是做出"爆款笔记"，首先要团队的人都掌握爆款笔记的创作方法。

第二步，是写出"旅游类"的爆款笔记，让小红书的用户在计划旅游或者旅游的时候，会想起我们这个品牌。

第三步，才是写出带有我们品牌名称的旅游类爆款笔记。

这个方法推荐给你，如果你想要在小红书给你的产品、服务或者你的品牌做爆款笔记，也会用到这个思路。

掌握了第三节的内容，我们就跨过第一步这个难关，那么如何做出旅游类的爆款笔记呢？

答案是"选题 + 占词"。选题指的是你的笔记写什么话题，这些话题能不能火，有没有很多用户去关注，这个是做出爆款笔记的关键。占词指的是，用户在搜索一个词语的时候，你的笔记是不是排到了前面，排到前面的话，我们就说这篇笔记占住了这个词。这是把笔记变成爆款笔记的关键两点。

一、选题

如果要问小红书爆款笔记最重要的因素是什么，那我会告诉你，选题至少占了 30% 的分量。一个好的选题决定了会有多少用户关注，会有多少用户搜索。

下面给你介绍一个既简单又很有效的找选题方法。

　　这个选题方法就是基于你的业务找选题。这是第一批，也是一定要占领的选题。

　　比如说我们公司的核心业务在日本，那我就要围绕"日本"这个词语找选题。我们的目标是，用户在搜索"日本旅游"的时候，平台推荐的爆款笔记基本上都是我们创作的。

　　这批话题是基于你的业务产生的，业务也是你要在笔记里面种草的。你需要花一点时间，梳理一下你们公司的业务，或者说是产品。

　　举个例子，我们梳理出来，我们公司的核心业务在日本，再细化一点，包括：日本、大阪、东京……那我就直接搜索"大阪"，把平台推荐的前 50 篇爆款笔记全部找出来，我们直接就看这 50 篇。比如说包括大阪美食、大阪鞋店、大阪景点，那大阪美食、大阪鞋店、大阪景点就是我们的选题。

　　由于我们是刚开始写，所以在拿到这些爆款笔记之后，我们要做的事情是模仿。照着仿写，但是要写得比原来的爆款笔记更好。比如说，如果这篇笔记的封面图只有图片，那我们就可以进行优化，加一些文字说明；如果这篇笔记的标题没有亮点，那我们就可以加一些吸引人的关键词；如果这篇笔记给了 5 个出行建议，那我们就给 10 个更详细带图片的出行建议。

还有一个小技巧，如果你看到评论区有用户留言很不错，则可以将其放到你的笔记中，这可以很精准地抓住用户关心的点。

总结一下，第一步，我们要梳理清楚自身业务的关键词，比如说我们公司业务的关键词是日本、大阪、东京。

第二步，去搜索这些关键词，把平台推荐的爆款笔记记录下来，这些都是平台算法得出来的，在这些核心关键词下用户关心的话题。比如说我去搜索"大阪"这个关键词，得出来的话题有大阪鞋店、大阪美食、大阪景点等。

第三步，总结出现次数最多的选题。比如说我们总结到最后发现，其实只有几大类，如大阪鞋店、购物等。

以上就是我们通过第一个方法找出来的选题。

你可能会问，那是不是天天写这些就行了？其实，我们的选题库也是在不断扩充的。

我自己有一个习惯，就是每天都要看爆款笔记，我们团队的其他成员也是如此。团队里的每个人，必须每天在群里分享自己看到的爆款笔记。看完以后，大家进行总结，然后提出新的选题。

用这个方法，我们的选题库也在慢慢扩充，比如说我们后来又增加了"穷游""机场退税""性价比"等选题。

二、占词

在小红书这个平台做爆款，和在百度做关键词搜索有相似的地方，就是你占的"热词"越多越好。比如说，如果你占了"日本旅游"这个词，小红书的用户搜索"日本旅游"的时候，跳出来的笔记基本都是你创作的。

如果有一个小红书用户，经常浏览和"日本"相关的笔记，那平台也会优先把你的带有"日本"这个词的爆款笔记推荐给他。而这些笔记又带有你的品牌，那就相当于给你的品牌做了超大范围的曝光。

那如何才能做到在用户搜索这些词语之后，首先出来的是你的笔记呢？

主要从以下三个维度去做，包括搜索维度、笔记维度、用户维度。

第一个是搜索维度。做好这点，你首先需要保证这个关键词是比较多的用户会搜索的词。

其次，用户搜索这个词语的时候，你的笔记数量要足够，这就需要你围绕同一个词，写足够多数量的笔记。

最后，保证数量还不够，笔记的质量也要做好，你的笔记的总点击量要高，才能被平台推荐，才更容易被搜索到。

第二个是笔记维度。小红书平台怎么判定一篇笔记的质量是比较好的呢？我总结了几个点：

（1）笔记内容的饱和度高，也就是说，你的笔记的文字数量、图片数量或者视频数量，都要足够多，让用户看了更有收获感。

（2）关键词的提及次数多，当你选了一些热门的、用户搜索较多的关键词后，不只是标题，你的笔记正文里也需要不断提及这些词，增加你的笔记被搜索到的概率。

（3）原创度高，比如说写同一个旅游景点，如果你的笔记和大多数笔记内容重合度高，那你的笔记就很有可能在搜索结果中排得非常靠后。

（4）发布时间。和发朋友圈一样，内容的关注度跟用户刷手机的时间是相关的，在特定的时间发布笔记，更有可能被用户看到。发布时间会给你的笔记排名加权。一般来说，发布时间可选早晨 9:00 – 10:00，中午 12:00 – 13:00，晚上21:00 – 22:00。

（5）浏览笔记停留时间长。用户停留在你的笔记上的时间越长，平台会认为你的内容越吸引人，更容易被推荐。

（6）浏览数、收藏数、点赞数、被分享次数。浏览数指的是用户点击搜索词之后，进入你的笔记的浏览次数。浏览数、收藏数、点赞数、被分享次数是最容易被用户看到的 4 个指标，也是平台选推荐笔记的关键指标。

（7）评论数、评论回复数。越多用户评论你的笔记，证明用户越关心你的笔记内容。而我们做小红书的时候发现，不只是评论数，你还可以通过回复用户的评论，来产生二次互动，提升你的笔记被搜索的概率。

第三个维度是用户维度。如果发布笔记的是会员、品牌合作人、粉丝人数多的博主、获赞与收藏多的博主，则笔记被搜索出来的概率也会提升。所以我们做笔记的时候，积累点赞和收藏很关键。

抢占关键词是运营小红书非常关键的一点，决定了你的笔记能不能被用户看到，能被多少用户看到，一定要好好利用关键词。

关于关键词，我还有 5 个小技巧和大家分享：

（1）标题一定要突出重点，带上你的核心关键词。

（2）文章的主体内容一定要围绕关键词来写，也就是说，文中最好也带上关键词。

（3）图片中要添加关键词标签。

（4）结尾处加关键词 + 相关话题。

（5）小红书对于关键词的抓取，主要是笔记开头和结尾，这个规则大家一定要记好。

上面我们讲的是在小红书这个平台上面怎么抢占关键

词。无论是小红书、抖音、百度，或者其他平台，如果你想要自己的内容被平台推荐，被用户关注，你就要去研究平台的推荐机制和用户的使用习惯（包括搜索习惯和浏览习惯）。

平台肯定是希望大家创作出更多优质内容，这样平台才能被用户关注，才能存活，所以我们要研究的是，不同平台对优质内容的定义。比如说小红书的判断标准是内容的饱和度高、原创度高、封面图精美，抖音的判断标准是点赞数多、原创度高、背景配乐好。

同时我们也要研究用户的使用习惯，用户的使用习惯是个很有趣的学问。20世纪50年代，有一家食品公司花费了很大的成本研制蛋糕粉，但是无论怎么改进都卖不好，美国心理学家欧内斯特发现是因为这种蛋糕粉的配方很齐全，本来以为这样可以节省用户的时间，但是家庭主妇们却觉得失去了自己动手的乐趣。后来该食品公司把蛋糕粉里的蛋黄去掉，给家庭主妇们提供了发挥的空间，销量获得了增长。我们在做内容的时候，也需要多去研究用户的使用习惯，比如说用户会搜索什么词，用户什么时间段刷手机等。

我经常和团队成员说，做好一件事可能5个细节就够了，但是如果你要做爆款，你要做好50个、100个细节。这是持续产出爆款内容的关键心法。

爆款内容的底层逻辑

从零开始做内容

第 5 章

短视频

第 1 节
误区：做短视频必须避免的四大误区

我们来分析一下，为什么普通账号一直火不起来？总结起来有四大误区。

误区 1：自嗨

之前我在讲课的时候一个学员这么向我提问：

"吕老师，我真不明白有些短视频的点赞数怎么这么容易就到 10 万＋了？我一个视频打磨十几天，反反复复修改十几遍，结果最后居然只有几百播放量，现在的用户到底看不看得懂短视频啊？"

后来我点进这个学员的账号一看，他的视频很长，就像记日记一样，说自己的生活琐事，讲的内容毫无吸引力。

有些学员之前是做传统视频的，一味追求大场面，追求视频的质感，各种镜头来回切换，可不会讲故事。

还有一些学员，感觉自己的拍摄水平和做内容的水平比某些大号高很多，但作品就是不火。

在与他们交流的过程中，我发现这几类人的作品都存在一个共同的问题：孤芳自赏。他们拍出了自己认为的亮点，自己喜欢的风格。

但他们从来没关心过用户喜欢什么，这是典型的缺乏"用户思维"的表现。

作为大数据时代下依托互联网的创作者，一定要找到自我表达和用户需求之间的交集。有些创作者抗拒一味地迎合读者，因为迎合就意味着做出各种妥协，拍视频会失去原本的快乐。但是我们必须认清现实，做视频不能像写日记一样，只顾自己高兴，将用户的需求和喜好弃之不顾。

在互联网时代拍视频，需要将自己想表达的观点以用户能够接受的方式写出来。只有这样用户才愿意看，视频的点赞才会更高。

很多人会问那怎么才能找到用户的需求点呢，其实就是多去看爆款，从其中找到自己认同的作品，然后加上自己的观点，对爆款进行创新，做出符合自我表达和用户需求交集的内容。

误区 2：不够专一

一般短视频账号往往都是在记录生活，而且是特别随意地记录生活。

今天出去玩，发点旅游的内容，明天去吃东西，拍点美食，看最近有个舞蹈很火赶紧去模仿，后天看别人……作品涵盖了美妆、搞笑、情感、旅行、美食、唱歌跳舞等内容，别人点进来看了以后都不知道这个账号是干什么的。

如果真的想在短视频的世界里有一席之地，就必须要做到内容专一。

用户会因为你拍的某一个爆款视频看到你，但会不会关注你，一般取决于你的视频内容是不是同一类别的，所以只发一类视频十分重要。

对于平台运营者而言也是一样，如果一个账号今天发的内容和昨天发的内容毫无关联，那平台运营者都不知道如何对这个账号进行归类，更不用说对其进行扶持了。

比如在抖音上的"陆超"，他的所有视频，基本上都是目不转睛，面带微笑看镜头，只有嘴在微微地动着说着各种各样的祝福，最后以一句"真好"为结束。看似无聊无趣的模式，恰恰能让人们记住他，一提到祝福，就会提起

"真好"，自然而然就想到"陆超"。这样的来回重复，加深了用户对他的印象，这就是他的定位。

误区 3：没有特点

还有一个学员曾说：吕老师，道理我都懂，我也在试着做一个街访账号，但数据不温不火，粉丝增长很慢，这是为什么呢？我看完他的内容后，问了他一个问题：你的这个账号和别人不一样的点在哪？你独特的点在哪？

他想了很久也没说出来一个所以然，因为他这个账号和别人的账号相比真的没什么独特的地方。

别人采访，他也采访，别人问问题他也问问题，甚至连受访者的回答都是抄的别人的，最尴尬的就是拿着手机采访，连个标志都没做。

如果做不到独特，那你的关注量肯定难以增长上去，因为别人不会关注一个没有特点的博主。

每个人都有自己的特点，我们要做的就是去发现自己和别人身上不同的点。漂亮的皮囊千篇一律，有趣的灵魂万里挑一，只有不同于别人的地方，才能被记住。

比如抖音上拥有几千万粉丝的"黑脸 V"，他是一个集技术与创意于一身的男子，而且他的配文都很戳人心，但是抖音上并不缺此类的博主，甚至说有很多，那么他为什么却如此受人关注呢？是因为他基本上从不露脸。他出现的频率越高，粉丝就越好奇他的外貌。因为不露脸，粉丝也把他和其他人区隔开来，在抖音被很多帅哥美女刷屏的时候，"黑脸 V"这样低调的人更显得与众不同。

误区 4：没有梗

很多时候，我们记住一个人，往往是因为他做过一件事，说过一句话，甚至通过一个动作、一个眼神就会想起他，这就是他的梗。

李佳琦目前在抖音上的获赞数是 2.8 亿，粉丝数超过 4000 万，为何他会有这么多粉丝？为何他会突然走红？有段时间，我们身边总会听到有人模仿他的口头禅"买它！买它！""Oh my god，我的妈呀，太美了吧！"

有一次，我采访李佳琦，问他在直播间说的梗"所有女生"是什么意思，这条采访视频都上了抖音热搜，点赞十几万。

这几句梗，成功地俘获了很多人的心，这就形成了定位的记忆点。

没有梗，就没办法让你与众不同，也没办法让你获得更多的关注。

梗一定要经常出现在你的作品中，要反复强调和不断重复，当别人看到这个梗，第一时间就能想到你的时候，你就成功了！

短识频
误区

| 自嗨（自我表达&用户需求） | 不够专一（内容重直） |
| 没有特点（与众不同） | 没有梗（重复→记忆点） |

第 2 节
定位：五大方法辅助账号定位

一、年龄反差法

年龄反差法的秘诀，就是所设定的人物性格或行为方式与实际年龄不符，从而使用户产生差异感。

在抖音上爆火的"北海爷爷"，70 多岁高龄，却依旧神采奕奕，步伐稳健，举止优雅，最重要的是他很会穿搭，甚至他的穿搭还成为很多微信公众号研究的对象。在我们普通人身边，到了这个年纪的爷爷奶奶大多都不会注重"精致"，而在这位"北海爷爷"的视频博客中，他从早上起来，洗漱护肤穿搭一样不差，确实让人惊讶。

还有"时尚奶奶团"，她们拍一些年轻女孩经常拍摄的内容，但因为年龄的反差和岁月的沉淀，让她们的内容变得稀缺且珍贵。

二、性别反差法

顾名思义，性别反差法就是男扮女装，女扮男装。

在抖音上，有一位性别反差的博主叫作"多余和毛毛姐"，一人分饰两角，戴着假头套，模仿女生的行为举止，看起来非常有趣。

他的一句"好嗨哦，感觉人生已经到达了巅峰"一时间吸粉无数，吸引很多博主争相模仿。

另外一位被戏称为抖音最美女孩的博主"阿纯是反诈宣传者"，则会经常拍摄一些从糙汉子一秒变身成女神的视频，提醒粉丝谨防网恋诈骗的视频，依靠这种瞬间从糙男变美女的视频在抖音狂吸千万粉丝。

另外一位博主"圆肥白"，也是靠性别反差带来的红利爆火的博主之一，他的内容以角色扮演为主，粉丝超过1000万。

和以上博主不一样的是，女装博主"我叫Abbily"美到连女孩都自惭形秽。

他通过男扮女装，吸粉无数。如果你事先不知道，你绝对看不出来他是男生。

通过以上案例我们知道，要吸引他人注意最基本的方法就是：打破常规。人类大脑适应规律性事物的速度很快，持续不变的感官刺激往往让我们视而不见且听而不闻。但当我们遇到与自身认知冲突甚至完全相反的事情时，大脑会异常活跃。

性别反差法正是一个很好的打破常规的方法。

三、场景切换法

顾名思义，场景切换法就是把我们日常当中做的一些事，换到另一个场景去做。

比如有名的"办公室小野"是一个在办公室中利用生活中一些简单的东西做美食的博主。在这里你可以看到用电熨斗去制作烤冷面、用夹发板自制爆米花。办公室在人们印象中就是办公的场所，她就打破了这一思维定式，把美食搬进了办公室。而且她用的道具都是生活中常见的东西，如果不是她，你根本想不到这些东西可以用来做美食，让人感觉耳目一新，非常有创意。

再比如抖音博主"乡村胡子哥"，他的很多视频都是在小溪旁拍摄的，把食材用溪水洗净，拿石头架起一口锅，然后点火，切菜，听着小溪流水，看胡子哥大快朵颐，粉丝的食欲瞬间被激活。

还有李子柒，也是把美食搬到了田园山河，并把准备食材的过程展现给大家。

现在有一个词叫"倍速青年"，就是以 1.5 倍、2 倍的速度看视频的年轻人。而李子柒这种远离喧嚣的慢节奏视频，恰恰抚慰了"倍速青年"们浮躁、焦虑的心。

四、典故定位法

典故定位法，即以传说中的那些人物作为定位的人设。

代表的博主包括"月老玄七""孟婆十九""仙女酵母"，他们不仅仅经营这个人设，还会告诉你生活中的道理。

"月老玄七"为人答疑解惑，教你如何谈恋爱，带有困惑的痴男怨女们，看到他们忽视的那一面和被忽视的真相，就会知道应该如何关心彼此，体贴彼此。"孟婆十九"告诉你，如果有亲人不幸去世，你应该如何调整心情，如何拥有一个良好的心态，并给予你人生的启迪。

"仙女酵母"在一个神秘的古堡之中，每天都可以接到不同人打来的电话，虽然打电话的人不同，但所讨论的都是我们的身边事，让人感觉很接地气又带点神秘玄幻的色彩，可以说是非常好的定位了。

把你的人设和大家熟知的 IP 联系起来，在此基础上进行创新，往往会取得比较好的效果。

五、影视剧定位法

影视剧定位法，即将一些在影视剧中火过的人设放到现实中来。

很多影视剧中的人设都特别丰满，都经过了业内顶级编剧的反复打磨，比如韩剧《太阳的后裔》中的男主角和女主角，再比如很多霸道总裁系列的韩剧，都具有比较强的参考性。你可以根据原有内容改编成更符合短视频用户喜欢的内容。

要相信爆款是重复的，拿一些已经被验证过的爆款影视剧，来制作短视频，成功的概率很大。

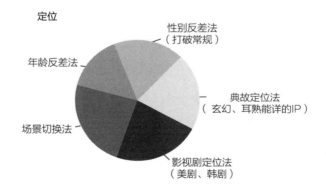

第 3 节
选题：爆款的十大元素 + 四大选题法

一、选题的重要性

以前我写自媒体文章时，有一句话叫作"你和阅读量 10 万 + 之间只差一个爆款选题"。这句话放在短视频领域也同样适用，"你和播放量千万 + 之间，还差一个爆款选题"。

无论选择什么样的平台发布内容，选题都是核心要点，选题决定内容的深度、广度，会不会受用户喜欢，会不会被疯狂转发。用户真正感兴趣、想看的内容才是最好的内容，知道大家的喜好和兴趣才能投其所好。那么，用户喜欢的究竟是什么呢？

二、十大元素让用户自愿传播

通过分析大量的爆款短视频，我得出了爆款内容的十大元素，包括 3 种情感：爱情、亲情、友情；5 种情绪：愤怒、怀旧、愧疚、暖心、爱国；2 个因素：地域和群体。可以说绝大多数爆款内容都涉及这些元素中的一种或几种，它们相互组合、交叉就可以诞生新的爆款。

3 种情感是生活中最基本的情感，所有的喜怒哀乐也大都围绕这些情感。和女朋友吵架了，男朋友不解风情，这些问题都和生活息息相关。亲情是个绕不开的话题，短视频平台的用户几乎都是年轻人，大都远离父母，亲情是每个人心里最柔软的地方，亲情故事总是能勾起心中最深的思念。友情也是如此，我曾写过一篇几百万阅读量的爆款文章：《曾帮我打架的兄弟现在和我不再联系》，讲的就是朋友之间渐行渐远的感情，这也是大众的情绪点。

"祝晓晗"有 3000 多万粉丝，获得了几亿个赞，其从家庭短剧这个细分领域切入，走亲情路线，内容主要围绕家庭关系展开，角色有女儿祝晓晗、爸爸以及只配画外音的妈妈，视频主要展现的是一家人的有趣日常，比如私房钱、催婚、父女之间的吐槽互怼等。

我们拿她的视频来具体分析一下，标题为"脑瓜子是不是嗡嗡的"的视频，有 200 万赞，几万条评论。视频开头是祝晓晗的爸妈在吵架，爸爸摔拖把出门，祝晓晗追出去劝架，结果她爸说："你太年轻了，闺女，人家三缺一，就差我了啊。"然后潇洒离开了，留下祝晓晗在嘀咕："我年轻？"祝晓晗回到房间想哄妈妈，结果她妈妈拿出手机和别人说："老祝被我骂走了，你们在哪个 KTV 呢，等着我我过去。"挂上电话就和女儿祝晓晗说在家随便吃点，这时，祝晓晗黑着脸说："我果然是太年轻了。"

这则视频涉及一家三口的亲情，也有爸爸妈妈之间的爱情，还有被喊出去三缺一、唱歌的友情。

这种感情大戏最能引起用户共鸣，所以评论里很多都是"论爸妈的套路"。

只要在视频内容和制作方面不断创新，选好选题，亲情这条线可以不断吸粉，有很多自媒体人和公司都挖起了亲情这条线，要做到"祝晓晗"这样千万粉丝级别当然很难，但做到十万、百万粉丝级别的号并不难。

再比如"七舅脑爷"，以"别人家的男朋友"著称，一个专注于男女情感的现象级 IP，曾在 45 天内涨粉 2000 万，这个成绩在短视频行业声名卓著。

他的视频内容以男女关系为基础，挖掘日常情感中的精彩小故事，涵盖约会旅行、争吵和好、恋爱的甜蜜、吵架的日常、分手的痛苦等，十分贴近广大年轻人的情感经验。

"叫我老王"的视频《如果这是结局你们能接受吗?》绝对精彩，一天令他的账号新增访问量 6799 万。前半部分讲女主角各种各样的生活不幸:起床第一眼发现要迟到了，并且手机没充上电马上就要关机了，想收拾打扮但发现家里没电了，咖啡机里的咖啡也都喝光了。刚出门时被隔壁的狗扑上来把衣服弄脏了，迟到了一分钟被罚款一百元，到办公室之后被通知项目交给别人负责了。这时同事通知她客户把订单取消了，奖金也没了。随后她接到妈妈的电话得知姥姥病重时日无多，男朋友又发来微信说他要结婚了，女主角几乎崩溃。这时候峰回路转，取消订单的老板伸出橄榄枝希望女主角可以加入他们公司，男朋友发来微信说车票已经买好了，这周陪她回家看姥姥并且要提前求婚，这个时候女主角才知道男朋友说的要结婚的对象就是她。回到家之后邻居又帮忙把电闸修好了，一切皆大欢喜。

这个视频涉及的元素众多，有男朋友体贴给人惊喜的爱情，有求婚让姥姥开心的亲情，还有邻居帮忙修电闸的友情。情绪上有开始遇到种种不公事的愤怒，有对姥姥生病无能为力的愧疚，也有最后获得帮助时的暖心。

这个视频集中反映了当代年轻人在城市中打拼的艰辛，视频中表现的悲惨经历你或多或少也经历过，它很容易勾起你曾经失落的回忆。同时我们也都非常期待在低谷之后可以迎来一次又一次的峰回路转，我们期待生活带给我们的喜悦和惊喜，可以说是彻彻底底抓住了人们的胃口。

前文中视频《如果这是结局你们能接受吗?》重点体现了情绪中的愤怒和愧疚，以下以暖心和爱国为例进行说明。

"丁公子"的视频《所以你真的了解你的对象么?》共获赞255.6万，一天新增播放量6633万。剧情讲述了因为男朋友的奶奶病情恶化，急需一笔钱，他的女朋友"丁公子"为了能让男朋友收下自己给的钱，设了一个局中局。这个视频里面就应用了情感中的爱情和亲情，"丁公子"费尽周折给男朋友钱是爱情的体现，她想以润物细无声的方式来帮助男朋友，不想让男朋友因为钱而有心理负担。而她的男朋友想治好奶奶的病，其行为也是有情感支撑的，引起了观众的共鸣。小的时候爷爷奶奶为我们付出了很多，而现在我们有能力了也要多为爷爷奶奶做一些事儿，这种

213

亲情也打动了很多人。这里就体现了情绪中的暖心。"丁公子"采取这种方式无疑是特别暖心的，给男朋友留足了面子，也解决了问题，让人们看过之后心都感到暖暖的。

在"新闻联播"抖音号的一条短视频中，主播康辉说："就在刚才，我们又得到一个好消息，我国运载能力最强的重量级小哥——长征五号运载火箭在海南文昌复飞成功。'胖五'经历过挫折，而时隔两年之后，上演了'王者归来'，'胖五'威武!"本条视频点赞超过 130 万，很容易激起观众的爱国情绪。

接下来我们看 2 个因素：地域和群体。

我们在做选题时要精确分析目标受众，这样才可以根据目标定制出他们真正喜欢的东西。

"努力要上天"拍摄的视频《被东北室友带跑偏需要多久?》仅仅 18 秒，一天新增播放达到 4117 万。视频讲述在一间大学宿舍里，大一入学时只有一个东北人，大学毕业时全成了东北人。北航小伙演绎东北大汉，东北话满分十级，第二天室友就被东北话带跑偏。

这条短视频应用的是"群体"这个点，短短的视频中覆盖了三个群体。

一是大学生群体，他们看到这条视频会回想起他们大学的生活。

另两类群体分别是东北人，以及这么多年来被东北话带跑偏的其他地方的人。因为东北话有着极强的感染力，相信很多人都中过招被东北话带跑偏过。看到这条视频，那些被带跑偏的人也回忆起自己曾经的"惨痛经历"，通过群体的要素再次激发大家的共鸣。东北人看到这条视频也会感觉很光荣，再次体现东北话是可以感染世界的。可以说这条视频涵盖的群体范围是很广的，选择的话题也具有极强的广泛性，取得了很好的效果。

这些案例很好地应用了十大元素中的一种或几种，并且把它们完美地组合在了一起，碰撞出了新的火花，可以说只要按照这个思路执行下去就一定可以火的。

和大家分享完选题的十大元素，我们再来说说 4 个具体的选题方法：分别是热点日历选题法、高赞视频选题法、高赞图文选题法、高赞评论选题法。

三、热点日历选题法

热点日历选题法就是大家可以盘点一年中所有的热点节日，到了这些节日就可以发与节日相关的内容，一定受人喜欢，我以几个节日为例，给大家盘点一下。

5 月是 520、521 告白季。我之前在腾讯的时候负责的是情感品类的视频，做 520 专题的时候就在考虑和 520 有关的是什么呢？后来发现是表白、求婚。沿着这个思路，我们参考了所有视频平台的数据，集中调研了多个梗的转化效果，发布了标题为"快到 520 了，快跟你心里的那个他/她告白吧！"的下跪求婚视频，获得了千万流量，关注量也一路飙升。

10 月 1 日国庆节，这七天长假里我们可以分享假期趣事，或被迫加班的痛苦，等等。比如 2019 年是新中国成立 70 周年，与祖国发展、人民生活变化相关的内容都是很好的国庆节选题角度。

12 月 25 日圣诞节，我们可以扮演圣诞老人给别人送礼物，甚至可以作为圣诞老人偷偷地给你喜欢的他/她送去一份惊喜，更是别有一番风味。

1 月 1 日元旦，是新一年的开始，在这天大家可以尽情地许愿，对新的一年做出美好的展望，新年要有新气象，一切都从新的一天开始。

除夕对每个中国人来说都是一个非常重要的节日，在除夕这天晒年夜饭就成了关键的环节，家家户户都在晒年夜饭，你家的年夜饭足够有特色吗？没关系，有没有特色都可以拿出来晒晒。这天也是年轻人互发祝福的一个高峰，你收到的精彩祝福，或者你发现好玩儿的祝福，都可以在这一天分享。

除夕的第二天就是大年初一了，与春节有关的拜年、走亲戚串门的趣事都可以分享，今年有没有被催婚，七大姑八大姨是怎么评价你的职业的，包括对春晚的吐槽、对年味儿的感受等都可以发。当年"祝晓涵"爆火的一条视频讲的就是她和她爸在大年初一吃饺子，祝晓涵第一个就吃到了钱的故事。你日常拍一个吃饺子的视频可能就几万播放量，但是只要在过年的时候拍，你会发现非常容易成为爆款。

因为在这样一个浮躁的时代，大家的注意力都是高度聚焦的，基本都放在热点事件上。

你要做的就是通过追热点，把大家对热点的注意力转化成对你的账号的注意力。

这些热点日历完全可以用视频的形式去展现出来，就像之前微信公众号追节日热点一样，短视频同样可以追热点，只是展现形式不同而已。

四、高赞视频选题法

除了热点日历选题法，我们还可以采用高赞视频选题法，即把很多经典的长视频进行剪辑，选择其中最精彩的片段作为短视频，效果也非常好。

比如在《乡村爱情》中，谢广坤问孙子谢飞机为什么推人家小女孩，谢飞机回答："她扒拉我。"本来很简单的一个桥段，在短视频平台突然火了起来，不仅仅这段视频被无数次发出来，还有更多的人进行模仿，在抖音上"他扒拉我"这个小板块里视频的播放量达到了 3000 万。

抖音博主"名侦探小宇"的粉丝超过 1400 万，她的视频并非完全原创。视频中的犯罪手段等大多来自于《今日说法》，以《今日说法》揭露的犯罪手段为基础，重新策划剧本，再以短视频的长度合理安排视频中的起承转合。这样的内容发布到抖音上，对其他内容足以造成"降维打击"。因为能出现在电视上的节目、电视剧、影片等都经过了专业制作团队的反复打磨，其内容质量堪称绝佳，比起大多数普通人苦心打磨的剧本，往往更容易取得效果。

怎么去找经典视频呢？首先，可以看看当下最火的电视剧、综艺节目，看看微信公众号爆文、微博热搜都在追哪些剧，比如 2019 年暑假的《亲爱的，热爱的》，很多人就拿李现和杨紫在剧中的甜蜜合集获得了高赞。另外，也可以在豆瓣评分上去找评分高的电影，或者在微博、B 站上搜索关键词，如"韩国电影""10 部励志电影清单"等，对应找出经典片段，把有名、有梗的经典片段进行简单剪辑，上传到平台。

还有一种方法是去做明星的视频合集，如#薛之谦演唱会#这个标签下就有很多薛之谦演唱会的场面；再比如搜"德云社"，就会出现很多相声段子视频；搜"王俊凯""胡歌""彭于晏""李现"等明星，一定会有很多高赞视频。

五、高赞图文选题法

同理，高赞图文法选题是把一些精美的人文照片、风景图片、句子图片作为内容剪辑到短视频里，配上契合的文案和好听的音乐来吸粉，图片一般采用动图，在短视频里看起来更有动感。图片可以在微信、微博、小红书等各个平台找。还是那个方法，找关键词，找明星，找当下火热的综艺节目和影视剧，找书单。找完之后简单地拼剪到一起，你要做的就是把标题和文字弄得最显眼，图片风格根据主题来定，明星类的视频可以做得美一点、酷一点；励志书单就做得励志一些，写个大大的"奋斗"；养生的就把字体放大，加些岁月静好的鲜花，专门给四五十岁以上的用户点赞和收藏。以书单类视频为例，抖音号"情话书单"目前有 80 多万粉丝，400 多万赞，你可以去看看他的主页，全部是统一风格，图片排版并不好看，分享的都是很普通的情话句子，比如"没有安全感的人很爱音乐，怕黑，又不敢早睡"，还有"时刻要提醒自己的 10 句话"，你觉得很普通对不对？但却有很多粉丝点赞、收藏，留着自己以后发朋友圈用。

六、高赞评论选题法

高赞评论选题法就是把一些音乐、电影、书籍的高赞评论收集起来，制作成短视频，像抖音号"网易云热评墙"，视频内容基本上都是把网易云音乐某首歌曲下点赞量最高的评论搬运到抖音上面，目前收获了200多万粉丝。

另一个抖音号"这是 TA 的故事"，现有 280 多万粉丝，2500 多万赞，个性签名是"这是 TA 的故事，也许，

也是我们的故事。"他的每期视频都源于音乐热评，比如
"心比长相好，情比爱重要"这条视频，就是来自陈小春
《相依为命》这首歌的音乐热评，演绎了丈夫为妻子点最爱
吃的菜，并趁朋友们不注意偷偷多夹给妻子的故事。这条
视频现在有 100 多万个赞，5 万多条评论，7 万多次转发。

　　在短视频的世界里，你不知道哪些内容是可以一夜爆
火的，但这也是它的魅力所在，长视频中很多看似无趣的
内容放到短视频里会产生神奇的效果，但这其中最关键的

是你有没有一双善于发现的眼睛。每个人都可以做搬运工作，但可以点石成金的搬运工却是极少，希望我们都可以有这种点石成金的能力。

选题是一个视频成功与否的第一步，也是最关键的一步。我们对待选题一定要认真，对于选题的十大元素要做到烂熟于心，看到爆款的短视频要主动对其进行解剖。"外行看热闹，内行看门道"，同样都是看，不同人的收获是完全不同的。

最后，再总结一遍。十大元素包括：3 种情感，爱情、亲情、友情；5 种情绪，愤怒、怀旧、愧疚、暖心、爱国；还有 2 个因素，地域和群体。可以说绝大多数爆款内容都涵盖这些元素，它们相互组合、交叉就可以诞生新的爆款，还要熟记热点日历选题法、高赞图文选题法、高赞视频选题法和高赞评论选题法，灵活运用才是王道。

期待下一个火遍全网的爆款选题出自你手，加油！

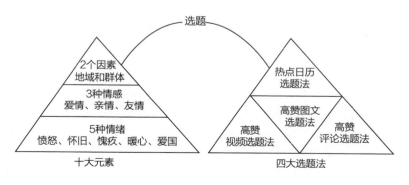

第 4 节
人设：打造人格化 IP ＝轻松吸粉

《福尔摩斯》中有一句话："我最先着眼的总是女人的袖子；看一个男人，也许以首先观察他裤子的膝部为好。"这是福尔摩斯给华生讲解如何通过衣着的小细节判断出一个人的身份。这些小细节不仅仅包括穿着，还有仪容、仪表、坐姿、神态表情等，可以说这些所有细节都在展示这个人。

同样，在短视频的世界里，你以什么样的形象展示给用户，用户也会对你有相应的评价，我们所展示的形象就是人设。

这个人设可以是经过精心设计的，把你最好的一面或者最想向用户展示的一面展示出来，以达到最好的目的。人设的作用至关重要，它代表你整个人的形象和定位，所以接下来我们就来聊一聊人设那些事儿。

一、构建人设的方法

我们可以借鉴编剧塑造人物的方法来构建人设，要注意分清主次，要有主要人物、次要人物、群像式人物。

主要人物是着重刻画的中心人物，是矛盾冲突的主体，也是主题思想的重要体现者，其行动贯串全剧，是故事情节展开的主线。整个账号发布的所有内容都要围绕主要人物，他是整个故事讲述的对象，我们想跟随他、支持他、关心他。我们的喜怒哀乐都取决于主要人物，他恋爱成功我们替他开心，他被整蛊我们去嘲笑他，他是内容的核心。

次要人物对主要人物的塑造起着对比、陪衬、铺垫作用，或者作为矛盾的对立面而存在。次要人物同样应该具有鲜明的性格特征，是故事发展不可或缺的人物。次要人物所占篇幅有限，往往要借助于细节表现出人物的特征和特点。

群像式人物是为特定的故事内容所设定的，有时需要群像式人物的设置来表现情节，即以扇面的方式展开生活。群像式人物更多的是我们日常生活中常见的人，他们代表了生活中的真实性，他们可能无名无姓，但他们的存在起着潜移默化的作用。

吸粉无数的短视频头部 IP "祝晓晗"，她的人设就是精心打造出来的。

"祝晓晗"的主要定位是家庭情景剧，营造一个积极、幽默、向上的家庭氛围。主要角色是一家三口人，在人设设定上，祝晓晗是一个蠢萌、善良、有爱的吃货单身狗。她的爸爸的人设是工作努力、妻管严，又很有爱的一个中年男人。而老妈则是真正的一家之主，时而与闺女联手对付老爸，时而和老爸联合起来坑闺女。这是精心设计出的一种家庭关系，每天发生的故事也都是有剧本的，通过用心的设计收获了大量的粉丝。

在运营过程中，"祝晓晗"也不是一帆风顺的，开始时的定位是以祝晓晗跳舞为主，因为当时在抖音上有很多通过跳舞火起来的博主，但是发布视频之后效果不温不火。而后便引入了老爸这一元素营造快乐的父女两人形象，这就成功吸粉无数。但是运营一段时间之后发现遇到了瓶颈，便又引入了老妈这一角色，一家三口其乐融融、各司其职，扮演着自己的角色。通过这个账号成功的运营，该公司又推出了"老丈人说车"，主要内容是老爸和祝晓晗两个人给大家介绍一些关于车的事情，目前粉丝数也达到了千万。一组人设做成功以后并不是只能让一个账号火起来，完全可以利用这个人设去打造新的内容。

"七舅脑爷"的粉丝量也达到了几千万，甚至曾经创造过一天增粉100万的传奇故事。他的人设就是一个很暖、很温柔的帅哥形象，以"别人家的男朋友"著称，一个专注于男女情感的现象级IP，曾在45天内涨粉2000万，该成绩在短视频行业声名卓著。"七舅脑爷"的视频内容以男女关系为基础，以脑洞为核心，挖掘日常情感中的精彩小故事，从约会旅行，到争吵和好，内容十分贴近广大年轻人的情感经验，成为粉丝们心中的"完美男友"。他最初是和"闪静"合作，打造了一个"全抖音最难哄的女友"的人物形象，而"七舅脑爷"在每次女友花式生气的时候都能够顺利化解，堪称求生欲最强的男友。"七舅脑爷"的视频非常受女孩子的喜欢，毕竟女孩子在谈恋爱的时候总是会很感性，谁都希望自己的男朋友可以在自己生气的第一时间用最温柔有趣的方法把自己哄开心。内容大多围绕恋爱相关话题，比如说应该怎么照顾你的女朋友，怎么对她好，怎么给她惊喜。在这个温柔暖男的形象下，博主就可以做相关的运营和设计。

　　通过上面的案例，我们知道塑造人设特别重要，那我们在塑造人设的时候，都应该注重哪些方面呢？首先要清楚你的优势在哪里，根据这个优势定位好你的身份，并且还要把你的特长总结出来，以及你有什么别人所不具备的特点，把这个特点放大制作成为你的标签，然后输出的内容还要有亮点，观众喜欢，这才是一个好的人设。

总而言之，人设的作用是把你最好的一面展示出来，打造精致的形象。有了这个人设，你就可以更好地吸粉，可以像"祝晓晗"一样做成功一个人设之后，还可以通过这个人设继续做成功其他的账号，这可绝对就是人生赢家了！

人设的建立有很多好处，要知道我们所展示出来的并不用是真实的形象，人设的目的是加深用户注意力，提高用户对我们的喜爱度。只有清晰的人设，才会吸引到用户鲜明的注意力。

确定好人设后，我们也要把相关的主页设置好，主页是辅助人设而存在的。主页包括：昵称、头像、简介、视频封面。

二、昵称

昵称是我们的代名词，提到昵称用户就会想到你的内容，昵称的选择特别关键。首先昵称的选择一定要有辨识度，要与定位内容有较强的相关性并且还要带有一点趣味性，同时可以贴上相应的标签，来展示你的账号定位。比如说在搜索一栏搜索"摄影"两个字，就会发现有很多相关的博主，通过名字就可以看出它们的定位。比如"摄影

学堂""小白学摄影"看名字就知道是在教你摄影技巧，
"××摄像"则表明这个账号是在分享一些摄影作品。

当然我们也可以用自己的真实名字来起名，比如"李佳琦""祝晓晗"等，这样的好处是容易形成品牌效应，视频里的主人公和博主昵称相同也更有关联的感觉，也更方便与用户互动。

三、头像

头像选择的核心目标也是突出账号的主体内容，头像绝对是吸睛的一大利器。在选择头像时，可以采用博主本人真实的照片或者经过加工的形象照，来更好地展示博主的形象进而形成品牌效应，还可以采用与定位相关的主题海报，或者是专业的艺术设计图。头像的选择要做到和简介、昵称等主页内容相互关联，形成集聚效应，从而更好地把自己推销出去。同时，头像要有较强的辨识度，不要和他人重复，要形成自己独一无二的品牌。

四、简介

简介要用最简单的话概括账号内容，突出账号主体定位。我们可以介绍创建账号的原因或者目的，比如"七阿姨（柒号路人）"，她写的简介就是"关注我每天采访你最喜欢的偶像"。关注这个账号，你就可以看到七阿姨每天采访明星说土味情话，看到明星被撩到一瞬间错愕的表情。

简介要突出自己的特点，比如有名的大胃王"浪胃仙"的简介就是："我一开心就吃东西，我一吃东西就开心。"很好地突出了账号的定位和特点，一个吃播的人设跃然纸上，越吃越开心，观众越看越开心。

有时，自嘲会带来意想不到的效果，把一个缺点转化成一个好的标签去打造，这就是很好地利用简介来营销的一种方式。比如代古拉 k，凭借 2000 多万粉丝登上《快乐大本营》的舞台与众多明星同台，可谓风光无限。这样风光的一个人却在主页上的介绍说"专业毁舞一百年的157cm82斤的小黑猴"，简单的一句话就把她的几个缺点都暴露出来了，既矮又黑。但她如此开诚布公地把缺点说出来之后，反而人们就不想去吐槽她，还会接受她这些缺点，甚至去安慰她："虽然你又黑又矮舞跳得也很毁，但是你笑得很美、很治愈啊。"

五、视频封面

视频封面的要求是风格统一，简洁明了。封面的边框、包装、字体可以进行统一的设计。这样用户在看你的作品的时候才会更加方便，并留下一个良好的第一感觉。比如说"氪金研究所"，主题是采访街上的帅哥美女，问他们的一身穿搭分别是多少钱，开的车多少钱。该账号所有的视频封面风格都是统一的，每个视频封面写的都是"你这一身穿搭多少钱?"下面是具体地理位置的定位，然后后面是帅气小哥哥和小姐姐的美照，整体看起来非常赏心悦目、一目了然，对于你所好奇的小哥哥小姐姐直接点击进去就可以看到了，非常方便。

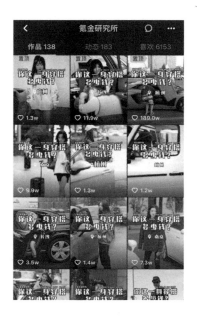

我们表达对人喜欢时会说"始于颜值，陷于才华，忠于人品"，而对于短视频制作者来说，这个颜值便是你的主页，包括昵称、简介、头像、视频封面。相信你按照我教给你的方法去做，也可以让别人看到你第一眼之后，就对你一见钟情！

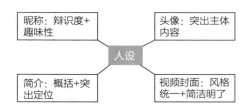

第5节
内容结构：黄金3秒开头+2～5个爆点+白金结尾

一、黄金3秒

短视频能否吸引住观众，3秒时间就足够了。如果3秒内没有吸引到观众，而被滑过，那么你的视频就不会被推荐到更大的推荐池中，流量会越来越少。

那前3秒怎么才能吸引用户呢？

视频开头直接抛出激烈的矛盾点，减少铺垫，快速勾引用户的爽点。

一定要有矛盾，要么是大家最痛恨的行为（老人插队、抢座位，坏人变老了），要么是激烈的争吵（直接打起来），要么是引人深思的问题（你有没有爱过渣男），要么就是最近的热点事件。

总之要做到让用户看完前 3 秒的内容注意力被快速吸引过来。短视频中的每 1 秒都关系着视频的内容密度与输出节奏，每 1 秒都有效。

二、2~5 个爆点

开头 3 秒吸引住大家以后，后面需要的就是信息点足够多，每个爆款短视频一定要具备 2~5 个爆点。

举个例子：之前抖音上火了一个玩法，就是一男一女在地铁上下扶着栏杆，女孩慢慢地把手往下想握男孩的手，然后男孩握住了女孩的手。抖音上有很多博主模仿这个视频，但其中最火的一个视频，脱颖而出的点，不是因为拍摄手法有多好，也不是男女主角的颜值有多高，而是这个视频里面出现了一个观众，他的笑容特别夸张。

点赞前三的评论都是在说这个人的笑容，就是因为这个点，这个视频成了该玩法最火的一个视频。

很多人都好奇，为什么一个没多少粉丝的账号拍出来的内容能爆火？

因为它在有限的时间内，提供了足够多的信息点。而这些足够多的信息点又制造出了足够多的评论点。

同样还有一个爆火的电视台女主持人看书的视频，当时引来众多博主争相模仿，有模仿主持人说话的，有模仿主持人动作的，甚至还有把当时的场景 1：1 还原的。

但这些视频都没有原视频火，核心其实是因为，那个视频里的主持人把书拿倒了，很多人就在评论区里告诉她，她的书拿倒了。把书拿倒就是一个爆点。

这也启示我们在模仿爆款视频的时候，要学会从视频的评论区找到爆款的精髓。高赞的评论就是该视频的爆款评论点。

在抖音，一个视频能否成为爆款主要看的是互动率值的大小；互动率 = ［（点赞 + 评论 + 转发）/观看人数］ * 完播率（看完人数/观看人数）。值越大，越容易进入下一个流量池，视频也会越来越火。

互动率里面权重最大的是评论，足够多的信息点给了用户足够的多的评论点，这样视频爆火的概率就会更大。

所以一个视频必须具备 2 ~ 5 个爆点，才能获得更多的流量，才有可能成为爆款。

三、白金结尾

就像文章要求龙头凤尾一样，短视频的结尾也一样如此，一般常见的结尾分为互动式结尾、共鸣式结尾和反转式结尾三种。

1. 互动式结尾

互动式结尾就是视频结束时和用户互动,问一下用户有没有类似的经历。

比如之前我曾经做过一个爆款视频,讲的是和前任的爱情故事,最后结尾的地方问了一句:你有没有一个念念不忘的前任?这引起了用户的共鸣,评论区里都是前任的故事,有的评论甚至比原作还精彩:

"@百事可乐:他们是一对早恋的高中生,后来女孩考上二本,男孩出国留学,就那样散了。毕业后她没选和专业对口的工作而是选择当空姐。终于,在飞机上他们不期而遇,他惊讶地开口问道,你怎么会当空姐?她笑着回答道,我在等一个人,我希望他回国的第一时间,遇见的是我,然而男孩却向她介绍了身旁的妻子和孩子。这就是生活。"

"@夜归人你好:一个人看了一场电影,不想回宿舍,一个人走在街头。像俗套的电影情节,我点起一根烟,在最寒冷的季节,看着这个温暖又不属于我的城市,徘徊了好久,终于拨通了她的电话。我没有说话,只听见电话那头的一声"喂?"便潸然泪下,我就像个偷到了奶酪的仓鼠,小心翼翼又心满意足地挂断了电话。我就是突然好想你。"

2. 共鸣式结尾

共鸣式结尾就是结尾处放一句特别容易产生共鸣的句子，吸引用户转发。

我之前所在的公司做过的一条超 2 亿播放量的短视频，讲的是主人公毕业以后被之前的闺蜜邀请参加婚礼的故事，主人公本来因为事情多没准备去，但最后想起来了之前的种种往事。最后结尾处写下那么一句话："多少友情都被时间打败，但是我们没有。"

当时正值毕业季，视频一时间引发了广泛的共鸣，引起了大家对友情的回忆，最后也被推到 2 亿多播放量，获得了超过 650 万个赞，甚至很多朋友都在留言区里讲述自己的故事。

这种类型的句子，一般在微博高赞/网易云热评中会经常看到。

3. 反转式结尾

反转式结尾就是通过讲述、表情、动作在结尾部分强行反转。

抖音博主"姜十七"以一条《不要以片面评判一个

人，耳听为虚，眼见不一定为实》的视频涨粉 80 万，视频前面塑造了主人公特别讨厌的形象，他买东西不给钱、插队、把别人的手机摔坏，最后结尾给出反转，其实她前面的所作所为都是有原因的，都是出于好心。

结尾处，一个非常灿烂的笑容完成了剧情的反转。

下面举两个例子，具体分析一下爆款短视频的内容结构。

第一个例子是我刚开设的短视频账号在粉丝为 0 的情况下做的第一条短视频，播放量超过 1000 万，视频标题为《才不是老人变坏了，我老马，给老头正名！》。

黄金 3 秒：老人最开始就直接插进了等公交车的人们的队伍，别人问他凭什么插队，他说凭我是你大爷（开头就打造了一种大家特别讨厌的坏人变老的形象，体现出了老人的“没素质”，把矛盾直接抛出来）。

爆点 1：女孩比较烦老头，自己准备打车走，大爷强行跟女孩坐车走。

爆点 2：大爷强行让司机改道，女孩与大爷产生了冲突，气坏了直接下车（加剧冲突，增加老人的讨厌点）。

爆点 3：女孩下车，收到大爷的纸条，说她被跟踪了。排队站到她身后的那个人和司机是一伙的（说明了大爷为什么这么为老不尊，强行插队）。

结尾：女孩拿出来电话，邪魅一笑，说大爷上车了（引起用户讨论，增加留言率，难道女孩是坏人，这个局就是套大爷的？）

下面再看个例子。

"钟婷 xo"的视频《算了……你别去了……》，点赞量超过 200 万，评论、转发超过 3 万，我们来分析一下这个视频为什么能爆。

黄金开头 3 秒：钟婷捂着脸朝着镜头走来，并说道：我出去一趟。这里就给用户设下了两个疑问，为什么要捂着脸？为什么要出去一趟？引导着用户继续往下看。

爆点 1：钟婷在父亲的呵斥下把手拿开，鼻青脸肿地面对镜头（有隐瞒）。

爆点 2：面对父亲的质问，钟婷坦白跟他老公打架受的伤（夫妻吵架）。

爆点 3：父亲生气地询问自己女婿的下落，想找他问个明白（自己女儿受欺负了，怒火中烧）。

爆点 4：父亲得知女婿正在医院抢救，是被钟婷打的（剧情大反转）。

爆点 5：钟婷演示如何将她老公打进医院的，一拳把西瓜锤烂（高潮）。

白金结尾："那你别去看他了，我怕你把他氧气拔了。"

这句话非常具有喜感，有一种令人喷饭的感觉。

类似的例子有很多，你可以多去看看点赞榜首的作品，学学大 V 们是怎么利用爆款公式变火的，我建议一定要独立剖析每个爆款视频，从中学习。

内容结构

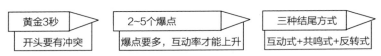

第6节
标题：8招取出千万播放量的好标题

一、标题的重要性

标题位于最显眼的位置，往往要么点金成铁，要么点石成金。

好视频需要一个好标题，好的标题能使视频内容更丰富饱满，激发观众的认同感，引发观众看完视频的兴趣，还会提高评论区的热度而带动视频互动率。

有一条视频，画面是酒店的餐桌，摆设高级，桌椅美观高档，没有人，灯光很暗，大概10秒时长。这样简单的画面，没有故事情节，没有推送特别的物品，甚至连转场切换镜头都没有，却获得超过52万的点赞数，而视频作者的粉丝只有3000多。

这条视频为什么火了？

"女孩子暑假打工一定要尝试到高档点的酒店当一次服务员，在这里听到看到的比上一百节思修课都有用。酒桌上的丑陋面孔太真实。"视频画面传递的内容远远不及标题的内涵——以给女孩子提出建议的口吻，直面社会现实。点赞数就是被大众认可的证明。如果这条视频的标题是"这家酒店真高级真好看"，那么它一定会"石沉大海"。

好的标题能激发大众强烈的认同感，点赞数会因此攀升。

有一条视频是这样的：一个妈妈在后面拍了三个儿子一起往前走的背影，场景很家常很普通，就是在普通小区散散步的样子，没有经过制作，大概是原片上传，获赞141.7万，评论2.4万。而视频作者的作品数是3，动态13，粉丝2.1万，另外两条视频点赞数为35和171。所以推测这个博主的粉丝应该都是因为这条视频而来。如此高的点赞数，胜在标题出力。"自从有了三个儿子，我就收起了我这暴脾气，看小区里有闺女的都像亲家，生怕未来儿媳妇对我印象不好……"如果标题是"我的三个儿子有点帅"等，一定不会有该视频达到的热度。视频评论区"预定一个姑爷"等相关评论的点赞数也很高。

所以，好的标题能为视频加分不少，说不定你的哪条视频就因为标题火了，你也因为这个标题涨粉不少。

另外还有一些博主利用标题引起评论区的互动——"这如何缓解尴尬？""男生是不是都这样死要面子？"这样的标题不仅能够引起观众完播的兴趣，同时还能邀请观众评论留言，提高视频热度。

这里给大家提供8种取标题的方法，简单实用，希望能为你的创作提供思路。

二、疑问法

通常是对视频内容的概括，可以引起观众的兴趣。标题疑问的答案就是视频的内容。比如博主"乖乖怪"的一条视频的标题是"大学生该怎样赚生活费?"，视频内容是博主大学两年换了 9 份兼职的叙述，包括群演、服务员、淘宝客服、配音、商演主持、约拍等，为大学生赚钱提供了建议。

"你知道多少生活小技巧?"等都是疑问法的呈现方式，多用来向观众讲知识、提建议等。问句是可以带动观众情绪的。以这个问句为标题就比以"生活小技巧"为标题更能吸引观众完播，视频传播效果会更好。

一些穿搭博主为了提升互动率，也会采用"你们大学读的是什么专业呢?""这辈子最想听的演唱会是谁的?"等疑问句的方式作为题目。

三、数字法

阿拉伯数字具有与文字形成对比的视觉差别力，标题中出现数字会让标题更吸睛。比如"1000 元的东西原来只值 70 元? 带你揭开眼镜行业的暴利""7 招教你减少手机危害"。这种方法具有局限性，在于内容与数字的关联程度，但是内容中有数据时，一定要考虑数字法。这是一种很简单很基础但很有效的取标题方法。

四、热词法

应用近期生活中的热点新闻、流量热词、明星、品牌名字等，都是应用热词蹭热点提升热度的方式。

iPhone 手机上市期间，会出现"3 招教你识别 iPhone 手机翻新机"等苹果手机相关视频；《偶像练习生》选秀综艺热播时，跳舞博主发与练习生舞蹈视频的合拍，左边为博主自己，右边为练习生，标题中以#练习生#吸睛，视频反响很好，一个不太火的博主的视频点赞有 129.2 万。

博主"郭聪明"也会将一些热词、热点话题等用在自己作品的标题中，比如#98k#、#七夕#、#长胖50斤会怎样#、#爱你不止三千遍#等，对提升视频热度都带来了可观的效果。

IP 大剧《扶摇》热播时经常会有经典桥段的模仿视频，还有剧中有关角色的"恶搞"视频等，剧中二三线演员也会借此热播机会来拍自己的表演视频，借作品火一波。娱乐化本来就是短视频的特性之一，在不打扰公众人物日常生活的前提下，通过蹭明星热度、与明星互动来提升视频热度未尝不可。

生活节奏越来越快，及时性就显得更加重要。及时关注抖音热搜中的热点，关注社会新闻，在相关的视频作品中引用热词、热点等，能够提升视频热度。

五、俗语法

俗语是民间流传的通俗语句，包括谚语、口头禅、俗话等，俗语往往话糙理不糙，特别接地气。

用这类句子作为标题，可以起到引人入胜的效果。当你在抖音看到一个标题是"俗话说：人丑就得多读书"，那么你就会想点进去看看这人究竟是美是丑，这样就达到了吸睛的效果。

六、设问法

设问法有别于疑问法，疑问法的问句是视频内容的归纳，设问法的问句是视频内容的一部分，能够激发观众的兴趣，带动观众情绪的同时还能够引起评论区的互动。故意设置疑问的方式，再通过视频回答出来，通常会形成意想不到的反差效果。

比如博主"争气的 pp"的一条视频"对普通女生说

"不"，对绿茶该说什么？"答案在视频中：对普通女生说不，对绿茶该说"滚"。

博主"槟榔妹"的作品一共52条，只有一条视频作品获赞上万，并且有48.5万个赞，标题为"想知道有花臂的男人平时都在干什么吗？"同时标题中带有标签#男朋友#文身#社会人#，视频内容是男朋友给女朋友穿袜子、做饭、帮女朋友画画、喂女朋友吃饭、帮女朋友写作业，视频中温柔的男朋友与标题中"文身""社会人""花臂男人"的

大众认知印象形成反差，出乎意料的暖男形象在设问中更加显眼。

七、电影台词法

经典的电影作品往往会有广为流传的金句出现，将某个电影的金句作为视频标题就是电影台词法。

抖音号"经典电影语录"的标题为"缘分这事能不负

对方就好，想不负此生真的很难！"的视频点赞量 70 万，转发 6.8 万，视频内容就是用的电影原镜头。你可能要吐槽为什么简单搬运电影情节就能有这么多赞？

只看这个标题我就觉得这么多赞和转发是应该的，和情感挂钩，再加上文字中透露出的伤感和遗憾本来就很触动人心，用这类金句来作标题，不看内容就能吸一波点赞。

八、好奇法

如果标题为"爱情错觉"，你会好奇"爱情错觉"是什么，不知不觉一直看到最后完播了这条视频。博主说："还记得那天有个男孩拿掉了我手里的那杯酒，虽然杯里的酒并不多，半杯耶格里兑的一半都是红牛，但是我的心颤了一下，我以为我遇到了爱情。"前半段的内容满足了观众对于爱情的期待，后半段却画风突变，博主也从温柔变得气愤，"结果，他给我递了杯纯的，还甩了一句，你能不能行了？我能不能行了？只要你不跟我谈感情，就算我不行也得行！整事？"看完后让你笑个不停！

没错，是爱情错觉。这条视频的标题简单粗暴地概括了视频"错觉"的内容，用比较有吸引力与渲染力的"错觉"作题目让人看视频前充满好奇，看视频时依旧想探索错觉，等待错觉，看完视频后也认为确实是错觉。题目简单但能制造悬念，是成功标题的范本作品。

　　"金银花"的一条视频标题为"如何'惩罚'女生，让她变得要多乖有多乖"，热度也很高，点赞数超过121万，这类标题能够男女通吃，到最后的反转剧情"你还想惩罚你女朋友？"既幽默又带动了观众的情绪，让观众点赞，这个标题的效果可见一斑。

九、对比法

　　标题与内容形成对比，带来原本视频内容达不到的效果，是一种提升作品质量的好方法。

　　狗狗跳舞与爱情有关系吗？没有。一只泰迪狗跳舞的视频很可爱，标题为"能给你带来快乐的不一定是爱情"，点赞数超过242万，评论数超过9.5万。优秀的标题丰富了视频的含义，触动了观众的情绪，或许还能安慰一些失恋的人，凭此圈粉。

　　选定标题，除了拟题目的技巧，还需要考虑大众的接受度。视频的点赞数和评论数都由观众决定，标题对视频的完播率与互动率有直接影响。

　　网红博主会通过直播等方式号召粉丝加入粉丝群，建粉丝群的作用之一就是帮博主选定最终的标题。博主将拟好的标题列表，让粉丝投票来做出选择。这样也会提升粉丝的参与度，对于视频标题的效果也更有保证。

所以在名气上升期，拥有自己的粉丝基础后，要建立自己的粉丝群，为自己营造更大的支持后台。

成功的作品是以综合因素来考量的。要有好的剧本，好的演员，好的标题，就像个链条，每一个环节都必不可少。标题是短视频的重要部分，好标题会带来意想不到的传播效果。

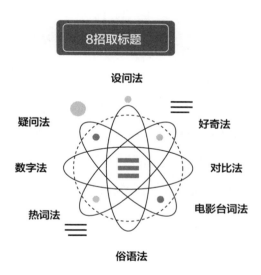

第 7 节
互动：在留言区留下你的痕迹

如果说短视频是一个世界，里面既有神话人物在经营他们的人设，也有平民百姓去抒发他们在生活中真实的喜怒哀乐。那么留言区就是这个世界当中的一个个社区，这个社区里的人们围绕某一问题聊天、相互讨论。很多时候，用户看个视频十几秒，但是刷留言却会刷几分钟。在这个小小的社区里，你不会感到孤独，不会感觉自己是一个异类，人们可以近距离交流，去找到自己的同类。

一、如何运用留言区

在这里，你不仅仅可以找到归属感，还可以通过一些行为火一把，并且让很多人都认识你、知道你并且关注你。就像"孟婆十九"的评论区曾打动了很多观众：有一个女孩的留言是这样的，她是姥姥收养的孩子，她的姥姥这辈子过得很辛苦，希望孟婆可以给她的姥姥在孟婆汤里加点糖，让姥姥忘记所有痛苦的回忆，来生做一个幸福的人。"孟婆十九"在下面评论，"放心，已经给姥姥的孟婆汤里加了糖，姥姥下一世会过得很幸福，有爱她的另一半，有优秀的孩子们，姥姥让孟婆和你说，把你养大，是姥姥这辈子最幸福的事。"

"孟婆十九"的这条评论获赞几十万，也给其带来了庞大的粉丝流。为什么这条评论会使得"孟婆十九"红了？因为她的这条评论戳中了很多粉丝的心坎，而且很有新意。在多数人评论女孩的故事很感人的时候，"孟婆十九"讲了一个故事，足够引人注目，而且这个故事的内容也是大家心中所希望看到的。

留言区是短视频作者与观众以及观众之间交流互动的空间，如果把握好了，可以引起观众情感共鸣，创造吸粉的好机会，并且借这种吸粉机会吸引的粉丝，是更有情感互通更忠实的粉丝。

通过评论区的互动，来告诉粉丝你是谁，你是做什么的，在产出内容的同时，形成自己鲜明的人设。在短视频世界中，同样需要关怀。在人生的所有维度，人与人之间的感情都无比珍贵。评论区就是我们与粉丝建立感情、维持感情的桥梁。

二、给他人评论

"任青安"被称为"抖音美女鉴定机"，是因为他只给美女点赞，在他的喜欢列表中都是美女的视频，于是他被贯上了"美女鉴定机"的称号。

在抖音互动性越来越强的环境下，某些领域的 KOL 显得更加真实，更加亲民。"任青安"只给美女点赞，于是就吸引了更多喜欢看美女小视频的粉丝的关注。关注了"任青安"，就相当于关注了抖音美女圈，因此，他的吸粉力超强。作为一个 48 岁的大叔，在他点赞的视频下，他往往会评论"我已经关注你了"这样的话，他的评论虽然看起来简短没意义，但他很专注，时间长了就在用户心中确定了他的人设，从而实现增粉。

抖音上还有一位年纪稍长的爷爷辈儿网红，他的爆红是因为总在美女视频下评论"叔叔给你刷游艇""叔叔很喜欢你"这类话，这时就会有别的用户在评论区怼他"大爷，您还是回家找大妈吧"。

这样一来一往的互动让大家觉得很有意思，很能吸引人的眼球，也会有很多人觉得大爷这样的评论很搞笑，毕竟大爷已经一大把岁数了。

在评论时，我们也可以利用这种反差的形象来突出自己的人设，这样更容易让大家记住你，对你感兴趣，从而愿意去关注你。

成功的方式有千百种，你可以做视频营销自己，也可以通过留言点赞来塑造自己的形象，给自己更多角度的定位方式。你可以选择你喜欢的方式表现自己，用适合自己的方式塑造自己，这是这个时代给我们的专属礼物。

人们形容爱情时总会说"你是无意穿堂风，偏偏孤倨引山洪"。你是一阵无意间闯入生活的清风，但在我心中却引起了山洪般的波涛。这句话放在这里也同样适用。一句评论，你只是坦率地表达了自己的情感，点评了视频的内容，但是社区中的小伙伴就被你说的那句话逗乐了、感动了、刺激了，于是点开了你的主页，关注了你，你的粉丝就越来做多，以这种方式增粉的博主不在少数。

在自己或他人的视频留言区进行点赞和评论，利用具有自己特色的评论来给自己确定人设，是增粉和引流的好办法。

三、给自己评论

很多博主都会感觉，评论是其他人的事，好的评论是自然用户评论出来的，其实也不完全是这样，很多小号在初期没有那么多粉丝关注的时候，都需要通过评论来带节奏。

比如我在做"老马有点虎"这个账号的时候，我们拍的都是以悬疑为主的视频，视频最后会忽然反转。我们在视频发布了以后，就开始埋一些评论，评论内容大概就是：

"什么？为什么这样。"

"看不懂啊。"

"谁能帮我解释一下。"

"???"

然后就会有很多本来不准备评论的用户以及好为人师的用户来答疑解惑，这样的结果就是评论会越来越多。

你可以发表一些有争议的评论，最好能让评论区的用户就这些争议产生讨论，这样也可以增加评论数。

第 6 章

爆款 H5

一、两个案例

H5 作为内容的一个载体，先后经历了图片式、PPT式、测试式和炫酷技术流式的时代，从开始出现到现在走过了好几年，然而万变不离其宗的依旧是内容为王。

前段时间网易的一个 H5《人生必做的 100 件事》刷屏了，很多群友在我的知识星球社群里讨论，分析了很多点：音效特别好，设计特别棒，滑屏触感特别棒……他们分析的那些确实是其火爆的一部分原因，但不是最核心的，不是最重要的原因。

音乐、设计、形式等从来不是爆款内容的核心要素，《人生必做的 100 件事》之所以能刷屏，其实最核心的因素有三点：

（1）社会情绪：在没有新冠肺炎疫情之前，就像《百年孤独》里说的一样：父母是隔在我们和死亡之间的帘子。你和死亡好像隔着什么，没有什么感受，你的父母挡在你们中间，等到你的父母过世了，你才会直面这些东西，不然你看到的死亡是很抽象的。

新冠肺炎疫情当前，看到网上很多生离死别的故事，大家忽然发现死亡离自己很近。

在感觉死亡离自己很近的时候，你会迫不及待地想去完成一些你这一生本该完成的事情。

（2）爆款重复：之前这种形式的 H5 火过，比如去过什么地方、获得过什么东西等。

（3）用户参与：H5 选项里面有赚了人生的 100 万元、买了一套房子、看过极光、第一次有马甲线等，都是为了让用户选一下，然后向朋友圈的好友炫耀。

综上所述：我感觉最重要的因素其实还是社会情绪，就像没有社会情绪的推动，最多只能成就小爆款，但那不是我们要的。

腾讯曾在国庆节前夕做的一个刷屏的 H5，即给头像加国旗，一时间风靡全网。

其实是在那个 H5 推出来之前，电视、微博、微信、纸质媒体等所有主流媒体通过各种方式，都在为国庆阅兵预热。

《新华社》《人民日报》连发数篇文章，各种自媒体争相盘点，一时间在临近国庆之前，爱国之情达到一个前所未有的高度。

（1）社会情绪：国庆节 + 阅兵，爱国热情高涨。

（2）爆款重复：参考圣诞节的玩法，用户已经见过很多次的句式，给我一个 × ×@ 微信官方。

（3）用户参与：让用户可以卖弄一下，等到很多人留言问怎么做出来的时候，这时用户会有比较强的满足感，自动成为超级传播者。

这里不得不承认一个事实，用户的心理其实是非常难以把握的，如果你把这个头像生成器摆到他面前，他未必去做，但如果他是被"骗"了以后再问到的方法，即使是特别麻烦、特别复杂，他也大概率会去做。

二、爆款 H5 制作的三个核心要素

（1）社会情绪（是否顺应社会大众的心理体验和心理感受）。

（2）爆款重复（请相信爆款是重复的且身体力行地去做）。

（3）用户参与（一定要满足用户塑造形象或者炫耀的需求）。

很多人只看到了网易刷屏的 H5，但从来都不知道网易失败的 H5：没有人能 100% 产生爆款，背后都需要足够多

的尝试。

其实还是前文讲的那个底层逻辑：100%成功＝70%和爆款相似＊足够多的作品。

最后用网易H5的一句话作为结尾："真正的爆款不止靠形式、靠渠道，有趣、有料，和用户强相关的选题内容才是刷屏的关键。"

不管媒介载体如何转变，终归要以内容为本。

爆款H5的三个核心因素

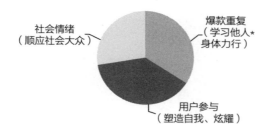

社会情绪
（顺应社会大众）

爆款重复
（学习他人＊
身体力行）

用户参与
（塑造自我、炫耀）

爆款内容的底层逻辑

从零开始做内容

第 7 章

App

2018 年，我在腾讯新推出的一个短视频产品"yoo 视频"做内容运营，主要负责模板，跨年期间因为模板的使用量始终没有达到一定的量，所以必须要在跨年的时候，来做一个活动，以此来完成年度目标。

但我面临的一个难题是，因为活动没有提前申报预算，所以当时没有任何资源和资金。

当时我就在想，到底如何做才能短平快地出效果，还不用花钱呢？

刚好那阵子各种造星综艺节目如《创造 101》特别火，我就想是不是可以利用粉丝经济来做这次活动。

最后在没钱没资源的情况下，短短一个月，我们的跨年模板前后上线 8 个模板，用户共使用模板拍摄近万个视频，其中"为偶像打 call"这个模板一周内使用量超过 7000 次，为产品上线到活动结束使用量第一的模板。

接下来，我将告诉你，我利用微博做这个活动的三个阶段的三种底层逻辑思维，相信看了之后，你也能够通过微博活动引爆 App，特别是针对圈层化用户，如饭圈粉丝。

第 1 节
前期活动筹备思维：内部协同，
用 STAR 法则进行沟通

最开始做微博活动的时候，我面临的最大的问题就是，知道我们这个产品的人太少了，所以在活动筹备期，我要做的是充分争取所有可以争取的资源，实现尽可能多的渠道覆盖。

我总结整理了一下自己可以争取的资源：首先是 yoo 视频站内资源，包括 yoo 闪屏、主页横幅广告位、专题等，但其实都没什么流量。

其次是 yoo 视频站外资源，包括腾讯视频闪屏、腾讯视频官方微博（这些都需要去和其他部门的同事去谈）。

之后，我选择了和各个部门负责人挨个进行沟通，在这个过程中我没有和对方打情感牌，而是遵守了沟通合作的 STAR 法则，提升合作效率。

第一，告诉对方自身的处境（Situation）：我们部门目前想要做一个跨年微博活动，目前有哪些人参与，现在正在洽谈的资源和渠道有哪些。

第二，告诉对方这项工作的目的（Target）：包括希望能够让多少用户参与等。

第三，告知对方需要对方做的行动（Action）：比如对于腾讯视频官方微博，我们需要的是对方每天都能发布活动信息；对于腾讯视频，我们需要对方帮忙申请 DOKI 资源位。明确告诉对方需要他们提供的帮助，以及时间节点是什么。

第四，也是最重要的，告诉对方能够收获的结果（Result）：比如我直接告诉对方，这个活动可预期的结果，能够对他们的业绩有什么样的帮助和提升。

最终，通过内部合作思维和沟通的 STAR 法则，我在一周内实现了渠道的全面覆盖，实现了流量的引流：在 yoo 视频内部获得了包括开屏、横幅广告位、赛道位推荐等资源；在 yoo 视频外部与腾讯视频官方微博合作，获得站外海量曝光资源和明星艺人资源，发布关于#跨年赛道#的微博，实现了曝光量的增加。

第2节
中期饭圈运营思维：学对手解决痛点

（1）对粉丝群体的精准触达：前期宣传的覆盖范围广，未能精准触达粉丝群体。在活动开始后，我联系了腾讯视频官微，在每个偶像的超级话题中发布微博，直击目标用户。

在前期广泛覆盖用户后，中期我们要做的是精准触达用户，尤其是这种饭圈粉丝用户。

饭圈是什么？具体来说，由某明星的多名粉丝组成的团体就是一个饭圈，他们最大的特点就是对于这位明星的热情和追捧，是典型的特性单一的圈子用户。

在腾讯视频官微发布了两条微博以后，我们发现几乎没人参加，然后我们决定，直接在明星超级话题里发帖，实现用户的精准触达。

了解了如何精准触达用户后，为了能够更加了解这群饭圈粉丝的属性，我还让小助手私聊积极评论转发的粉丝，将他们拉进微信群，从而更深入地了解用户需要我们做什么。

在互联网产品岗位中，有一个岗位叫作用户研究，这个岗位的工作通常是通过问卷、数据监控获取用户的画像属性，从而结合他们的特性，进行产品功能的调试。同样，如果我们的受众是某一个圈子的用户，很重要的一点就是精准触达这个用户中最有发言权的个体样本，了解他们的痛点，进而对产品功能进行调试。

再好的产品也无法满足所有人，我们只需要满足对于我们来说最重要的人即可。

（2）降低用户参与门槛：通过竞品已成功的模式来解决用户参与的困难点，降低用户的参与门槛。

很快，通过和粉丝的互动，我们发现了我们最大的流量增长瓶颈。

当时我们的产品有一个环节要求用户上传打 call 视频，我们原本以为这种互动性会增加粉丝的参与度，然而其实饭圈中的很多小姐姐都表示不想让自己的视频出现在网上，觉得出镜是一件很难为情的事情。

如果只是简单转发文字的话，互动性太低，这不是我们想要的结果，当时我们团队也很为难。

直到我突然想起我们之前做过竞品分析，抖音上当时火了一种跨年总结视频，是不需要人出镜的，只需要用手指指一下，指一下就出一个字。

结合这个创意，我们设计出了明星互动式模板，一指屏幕，模板上就会出现"未来可期""粉丝破亿"等相关内容，实现以手入画，第二天上传视频数量就达到了峰值。

西班牙哲学家格拉西安曾说：一个聪明人从敌人那里得到的东西比一个傻瓜从朋友那得到的东西更多。对手就是最好的老师。

在运营的中期阶段，如果遇到了难以突破的瓶颈，这个时候最好的办法，就是去看看有没有同类竞品遇到过这个问题，其解决方式是什么，取其精华，你也许就过了这个坎。

（3）营销粉丝，学会带节奏。

盟友关系：通过微博私信联系粉丝，建立盟友关系，在微信和 QQ 上建立粉丝群，与之形成统一战线和共同目标，鼓励粉丝为自己的偶像解锁视频。

竞争关系：各个偶像的粉丝之间形成竞争关系，每天发布各家粉丝更新视频的数量，通过视频数量的高低，激励各家粉丝的战斗力，让已解锁的偶像对未解锁的偶像形成冲击。

一对一教程：前期视频制作的门槛低，鼓励粉丝多发视频。后期逐渐提高审核要求，鼓励粉丝发布不同类型的优质视频。

第 3 节
后期用户激活思维：把握人性，
提供奖惩机制

在解决了出镜问题后，我们的用户持续两周增长，但是在大概 20 天之后，粉丝发布视频的数量增长乏力，更重要的是，我们缺少超级流量，我们尝试拉易烊千玺、迪丽热巴等大 V 的粉丝入群，对方给我们的回复却是，我们这个活动能够给他们粉丝带来的曝光有限，不感兴趣。

后来我们反思，无偿为偶像打 call，即便是铁杆粉丝，生产内容的热情也会逐渐消散，要能够实现流量留存和长期激活，必须要给一定的奖励。

一方面给偶像奖励：粉丝多发布优质内容，总榜 TOP2 的粉丝可为偶像申请 yoo 视频开屏福利，偶像将会通过开屏与粉丝沟通；粉丝视频发布数量多的偶像，还可以建专题。

另一方面直接给粉丝奖励：日榜 TOP3 的偶像，其粉丝可以参与抽奖，获取偶像签名照。

在活动当天，我们就见证了饭圈粉丝的疯狂，活动模板引进粉丝超过 1000 个，日榜发布了 4 天后，很多粉丝只能眼睁睁看着自己的偶像被一个名气不那么大的明星超过，纷纷表示不服，于是吸引到了更多新的明星粉丝流入。

我之后在反思中写道，在做产品的时候，能不能吸引流量，取决于你能不能触达精准用户，你的粉丝营销活动够不够新颖，你的渠道够不够广。而流量能不能留下来，往往取决于他能够收获什么。

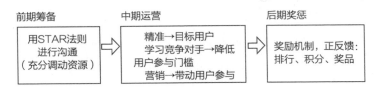

总结一下此次运营过程中的困难点及解决办法：

困难点1：腾讯视频的官微不愿意私信粉丝，导致知道活动的人少，参与度不够。

解决方法：用私人微博挨个私信粉丝应援站。

文案：哈喽，小可爱，我是腾讯的小哆，×××正在参与腾讯视频和 yoo 视频联合举办的跨年赛道，快来解锁偶像的独家视频吧，参与活动每日 TOP3 均有奖品，更有机会赢得签名照、会员卡诸多福利，详聊加我 QQ。

结果：联系上少数几家应援站。

困难点 2：活动推广度不够，联系上的粉丝少。

解决方法：与腾讯视频官微协商在每个明星的超级话题下发微博，申请了 DOKI 的资源位以及腾讯视频和 yoo 视频闪屏，扩大宣传范围。

微博文案：#白宇［超话］# 想听白宇哥哥给你的新年留言吗？快来 yoo 视频 App 参加由我们发起的跨年赛道，带话题#我就是 2019# 拍摄许愿视频上传，解锁偶像独家视频，对啦，日榜 TOP3 均有奖！还有机会赢取白宇哥哥签名照哦，参与规则如下图（配上明星表情包）。

在微博下面评论里回复已经知道活动的粉丝，私信引导粉丝来参加活动，比如：你好，我是腾讯的小哆，×××正在参加跨年赛道的活动，怎么玩详情可加我微信。

结果：在腾讯视频官微发布曝光率增加后，私信也有了回复，有了 10 家左右的粉丝群聊，在群里号召粉丝参与，各家视频数不断增长，当天晚上模板使用数涨到 600 多。

困难点 3：发布量增速变慢，后续增长乏力。

解决方法：每天公布当天发布的视频数量，激励各家粉丝，形成粉丝之间的竞争局面。

结果：当天模板使用数突破 1000，更多的粉丝流入。

第 4 节
开屏三板斧，让你的 App 人见人开

很多人都知道我是做微信公众号起家的，当时我所负责的那个微信公众号的打开率高达 30%，一度成为业内奇迹。

对于微信文章而言，除了选题以外，最核心的就是标题。因为用户看到一个标题后，确定要不要点击只会用 0.1 秒。对 App 开屏也是一样，好的开屏，才能让用户有点击进入的兴趣。

接下来，我将告诉你我的开屏三板斧，熟练掌握后，能让你的 App 人见人爱，一下子吸引住用户的眼球。

一、知名人物开屏：特征放大法

我做开屏做得最多的时候，是在腾讯做短视频产品推

广的时候。

当时我们要负责给众多明星做开屏，以实现引流，并为明星增加曝光度。针对那些已经有一定知名度的明星，我觉得做起来是最轻松的，就是把他们已经广为人知的特征放大，让别人一看到这个开屏就知道是谁。

有的特征是外貌性的，比如林志玲、刘晓庆的特征是不老，李宇春的特征是中性。

有的特征来自这个人物本身被人们所熟知的角色，比如六小龄童扮演的孙悟空、蒋欣扮演的华妃、倪大红扮演的苏大强。

有的特征则来自人物本身被大家熟知的特质，比如杨超越的特质就是"锦鲤"，萧敬腾的特质就是"雨神"，韩红的特质就是"公益"。

二、小人物开屏：特征关联法

在做了一些数据不错的开屏之后，我们接到了一个最大的难题，给一个 70 多岁的老太太做开屏。

其实这个老太太还是比较厉害的，从 20 世纪 50 年代开始就活跃在屏幕，曾为《红楼梦》《爱丽丝梦游仙境》《武则天》等多部电影和电视剧进行配音。

由于只是配音，观众对她只闻其声，不见其人，而

App 的开屏是没办法做出音效的。

由于公司特别看重，所以我当时连续 3 天都待在公司，反复看老太太的个人介绍，我突然发现这个老太太配音最多的角色是太后，最起码为 30 多个太后配过音。

只要有后宫剧，只要有太后这个角色，都是流水的演员，铁打的配音，这个老太太专注太后配音三十年，这背后一定有"故事"可挖。

有一个刻意练习的真理叫作一万小时定律，人们眼中的天才之所以卓越非凡，并非天资超人一等，而是付出了持续不断的努力。一万小时的锤炼是任何人从平凡变成世界级大师的必要条件。同样，一个看上去没有特征的人，只要找到他持续花时间去做的事情，这件事情就成了他的特征。对于这个老太太来说，她持续做的事情，就是为太后配音。

想到用太后这个关键词作为开屏的核心词后，我马上打开电脑去查看"太后"的搜索指数。然而很遗憾，"太后"当时的月搜索指数只有 460。

但是在这个时候，我没有死心，套用写金句的搜词法，我在页面右下角发现了一个关联词：后宫。

我用百度指数查看了一下"后宫"的搜索指数，当时刚好《芈月传》大火，后宫的日均搜索指数有 2000，并且还在以月增长 20% 的速度上升。

相比"太后","后宫"是一个更加为大家所熟知的词语，有后宫的地方，必须有太后。我把自己代入太后的角色中，每天管理六宫事务，我说往东她们不敢往西，不行就诛九族。孙俪扮演的芈月只是一个小皇后，凭什么比我火？我才是后宫之主，有我的地方才是后宫！

"有我的地方才叫后宫"，对了，就这句话了，霸气！

我当时把这个 App 开屏在我们的粉丝群里进行了试验，很多粉丝看到这句话后极度好奇哪位后宫女王这么霸气，情不自禁地去打开一探究竟。

在为小人物做 App 开屏的时候，我们要首先观察这个人物持续做得最久的一件事情，然后利用百度指数/微信指数搜索相关关键词的指数，如果指数很高，并且不断上涨，就直接用这个词，如果指数不高的话，就利用文案狗等寻找关联词，只要通过一到两个关联词的查找，你就能从这个不被人熟知的人身上挖掘出大众所熟知的特征。

三、品牌 App 开屏：锚定参考系

除了为人物做开屏，还有一类开屏，即为了宣传某个品牌。

我认识一个产品经理，当时他们推出了一个理财产品

的 App，想要引流，他们最开始决定赔本给利息，年化收益率设定为 8%，当时支付宝的年化收益率才 4%，他们的年化收益率足足是支付宝的两倍，为此特地加粗加红了数字"8"。

然而试运营的一个月过去了，App 的下载量都没达到他们原本预期的 50%。

有一次我和那个产品经理在喝咖啡的时候聊到了开屏，他很苦恼地问我为什么数据上不去，我看了一下他们的界面，告诉他："其实对于大多数人，包括我这种对理财有兴趣的人，看到 8% 这个数字都感觉有点抽象，如果你想要让大家看得更直观，我个人建议，直接说'利息是支付宝的 2 倍'，直接锚定支付宝品牌。"

对方进行了尝试，之后告诉我第二个月的数据上涨了 60%，很感谢我的灵感，我说其实我只是帮你锚定了一个品牌。

品牌锚定是我从价格锚定这个词衍生出来的概念，价格锚定大家应该比较熟悉，是由奥斯基 1992 年提出来的：消费者对产品价格是否适合不确定的时候，会采取避免极端原则和权衡对比原则来判断这个产品的价格是否合适。

好比我们平常去应聘，HR 问我们的期望薪酬，我们既可以告诉他我们过去的薪酬是多少，希望这次的涨幅是多少；也可以告诉他我们现在有几个 offer，这些 offer 给的薪酬是多少。无非就是给对方一个尺标，一个参考系。

我们在推广一个新的 App 时也是一样的，想让其抢占用户的心智，最重要的是让这个新产品和用户熟知的产品做对比。

现在提到牛奶时大家都知道蒙牛和伊利，其实在 2000 年的时候，伊利的市场份额遥遥领先于蒙牛，是国内乳业的老大哥，而蒙牛连国内前五都进不去。

但是蒙牛的聪明也就表现在这里，蒙牛把标杆定为伊利，进行了品牌锚定。

蒙牛首先用 300 万元的价格买下了当时在呼和浩特还很少有人重视的户外广告牌。一夜之间，呼和浩特市区道路两旁冒出一排排的红色路牌广告，上面写着"蒙牛乳业，创内蒙古乳业第二品牌""向伊利学习，为民族工业争气，争创内蒙古乳业第二品牌！""千里草原腾起伊利集团、蒙牛乳业"。这让很多原本不知道蒙牛的人记住了蒙牛，蒙牛还在自己的冰激凌包装上打出"为民族工业争气，向伊利学习"的字样，在自家牛奶包装上写"和伊利一样，来自中国乳都"。

通过借力伊利这个参照物，蒙牛直接从一个大家都不知道的品牌，成为大家心中很不错的，在中国仅次于伊利的乳业品牌，并且降低了早期伊利对蒙牛的敌意。

　　对于品牌 App 开屏来说，只要找到一个同一品类广为人知的品牌，将其作为一个参照物，突出自身品牌的特征即可，这个参照物往往就能够让用户不知不觉进入你的"套路"，了解你的产品。

后　记

打完最后几行字，我忍不住在窗台边抽了一根烟，然后对着窗户像个傻子一样大喊了好多声。

确实，这本书对于我的意义非同一般，甚至可以说，这本书是我目前为止写过的书里面投入精力最多的一本，它更像是我的孩子一样。

这本书是我 6 年内容生涯的总结和回顾之作，写完这本书，我应该不会再去一线直接打仗了，不会再亲自操盘一个内容工作的从 0 到 1 了，而是要转到管理和培养年轻人的路上了。

最后我想以我最喜欢的作家金庸先生写的一个故事作为结束。

《神雕侠侣》中的杨过在石壁上发现了剑魔独孤求败刻下的字，其中有这么几句：

紫薇软剑，三十岁前所用，误伤义士不祥，悔恨不已，乃弃之深谷。重剑无锋，大巧不工。四十岁前恃之横行天下。四十岁后，不滞于物，草木竹石均可为剑。

自此精修，渐进于无剑胜有剑之境。

这本书就是给了大家一把"紫薇软剑",大家在还没有对内容有特别深的感悟的时候,可以拿着这把"紫薇软剑"横行天下,但是要记得把控住不作恶的底线,不然会伤到不想伤害的人。

等到依靠"紫薇软剑"写出很多爆款的时候,内功练成以后就把这把剑丢了吧,随便用个简单方法,一样也能达到之前的效果,最后非常希望你也能做到人剑合一,对内容理解透彻,有一套自己的体系。

自此精修,渐进于无剑胜有剑之境。

写这本书首先要感谢古典老师和李尚龙老师,在我初入写作圈还没什么名气的时候,两位老师给了我很大的支持,我说想给他们回报的时候,他们告诉我说,不必回报他们,把爱传递下去就行了。

其次要感谢我的编辑,解文涛老师,他是我认识的编辑里面少有的特别靠谱的编辑,无论什么时候发消息都会以最快的速度回复,在我对书的结构或内容有疑惑的时候,总会给我很多中肯的建议。还要感谢我的助理君琳和佳璇,是他们一直不厌其烦地帮我整理打磨。同样要感谢我的小学同学,未来的著名设计师陈麟,他一次又一次不厌其烦地对封面设计进行修改,甚至有好几次我都感觉可以了不用改了的时候,他还在极致打磨,就是为了把本书的封面完美地呈现在大家眼前。

最后，感谢我人生路上的各位前辈、老师、同事，是你们的支持、理解才让我在内容这条路上一步步走下来。

特别巧的是今天是我的阴历生日，如果问我有什么愿望的话，我希望本书将是一本影响数十万甚至数百万内容从业者的书。

吕白

2020 年 4 月 2 日